마법천자문의 학습
수한자까지!
마법
급수한자

글 이유남 그림 서규석

6급-1

아울북

한자능력검정시험 안내

한자능력검정시험이란?

사단법인 한국어문회가 주관하고 한국한자능력검정회가 시행하는 한자 활용능력시험을 말합니다. 1992년 12월 9일 1회 시험을 시작으로 2001년 1월 1일 이후, 국가공인 자격시험(1급~3급Ⅱ)으로 치러지고 있습니다.

언제, 어떻게 치르나요?

한자능력검정시험은 공인급수 시험(1급, 2급, 3급, 3급Ⅱ)과 교육급수 시험(4급, 4급Ⅱ, 5급, 6급, 6급Ⅱ, 7급, 8급)으로 나뉘어 각각 1년에 4번 치러집니다. 누구나 원하는 급수에 응시할 수 있으며, 응시 원서의 접수는 방문접수와 인터넷 접수 모두 가능합니다. (기타 자세한 내용은 한국한자능력검정회 홈페이지 참조. http://www.hanja.re.kr)

어떤 문제가 나오나요?

급수별 자세한 출제 기준은 다음과 같습니다.

한자능력검정시험 출제 유형

구분	공인 급수				교육 급수						
	1급	2급	3급	3급Ⅱ	4급	4급Ⅱ	5급	6급	6급Ⅱ	7급	8급
읽기 배정 한자	3,500	2,355	1,817	1,500	1,000	750	500	300	300	150	50
쓰기 배정 한자	2,005	1,817	1,000	750	500	400	300	150	50	0	0
독음	50	45	45	45	32	35	35	33	32	32	24
훈음	32	27	27	27	22	22	23	22	29	30	24
장단음	10	5	5	5	3	0	0	0	0	0	0
반의어	10	10	10	10	3	3	3	3	2	2	0
완성형	15	10	10	10	5	5	4	3	2	2	0
부수	10	5	5	5	3	3	0	0	0	0	0
동의어	10	5	5	5	3	3	3	2	0	0	0
동음이의어	10	5	5	5	3	3	3	2	0	0	0
뜻풀이	10	5	5	5	3	3	3	2	2	2	0
필순	0	0	0	0	0	0	3	3	3	2	2
약자	3	3	3	3	3	3	3	0	0	0	0
한자쓰기	40	30	30	30	20	20	20	20	10	0	0
출제 문항 수	200	150	150	150	100	100	100	90	80	70	50

* 쓰기 배정 한자는 한두 급수 아래의 읽기 배정 한자이거나 그 범위 내에 있습니다.
* 출제 유형표는 기본 지침 자료로써, 출제자의 의도에 따라 차이가 있을 수 있습니다.

급수는 어떻게 나눠지며, 합격 기준은 무엇인가요?

한자능력검정시험은 공인급수와 교육급수로 나뉘어지며, 8급부터 1급까지 11단계로 되어 있습니다.

한자능력검정시험 급수 배정표

급수		수준	특성
교육급수	8급	읽기 50자, 쓰기 없음	유치원생이나 초등학생의 학습 동기 부여를 위한 급수
	7급	읽기 150자, 쓰기 없음	한자 공부를 처음 시작하는 분을 위한 초급 단계
	6급Ⅱ	읽기 300자, 쓰기 50자	한자 쓰기를 시작하는 첫 급수
	6급	읽기 300자, 쓰기 150자	기초 한자 쓰기를 시작하는 급수
	5급	읽기 500자, 쓰기 300자	학습용 한자 쓰기를 시작하는 급수
	4급Ⅱ	읽기 750자, 쓰기 400자	5급과 4급의 격차를 해소하기 위한 급수
	4급	읽기 1,000자, 쓰기 500자	초급에서 중급으로 올라가는 급수
공인급수	3급Ⅱ	읽기 1,500자, 쓰기 750자	4급과 3급의 격차를 해소하기 위한 급수
	3급	읽기 1,817자, 쓰기 1,000자	신문 또는 일반 교양서를 읽을 수 있는 수준
	2급	읽기 2,355자, 쓰기 1,817자	일상 한자어를 구사할 수 있는 수준
	1급	읽기 3,500자, 쓰기 2,005자	국한혼용 고전을 불편 없이 읽고 공부할 수 있는 수준

한자능력검정시험 합격 기준표

구분	공인 급수				교육 급수						
	1급	2급	3급	3급Ⅱ	4급	4급Ⅱ	5급	6급	6급Ⅱ	7급	8급
출제 문항 수	200	150	150	150	100	100	100	90	80	70	50
합격 문항 수	160	105	105	105	70	70	70	63	56	49	35
시험 시간	90분	60분			50분						

* 1급은 출제 문항 수의 80% 이상, 2급~8급은 70% 이상 득점하면 합격입니다.

급수를 따면 어떤 점이 좋은가요?

- 1~3급Ⅱ는 국가 공인급수로 초, 중, 고등학교 생활기록부의 자격증 및 인증 취득 상황란에 정식 기재되며, 4~8급은 교과 학습 발달 상황란에 기재됩니다.
- 대학 입시 수시 모집 및 특기자 전형에 지원이 가능합니다.
- 대학 입시 면접에 가산점 부여 및 졸업 인증, 학점 반영 등 혜택이 주어집니다.
- 언론사와 기업체의 입사 및 승진 등 인사고과에 반영됩니다.

이 책의 구성과 특징

마법한자 주문

주문으로 한자를 외워요!
주문만 외우면, 한자가 나왔을 때 금방 무슨 한자인지 떠올릴 수 있습니다.

자원(字源)과 용례

한자가 어떻게 만들어졌는지 어떻게 쓰이는지 알려 줍니다. 주문과 연결해서 익히는 것이 더욱 효과적입니다.

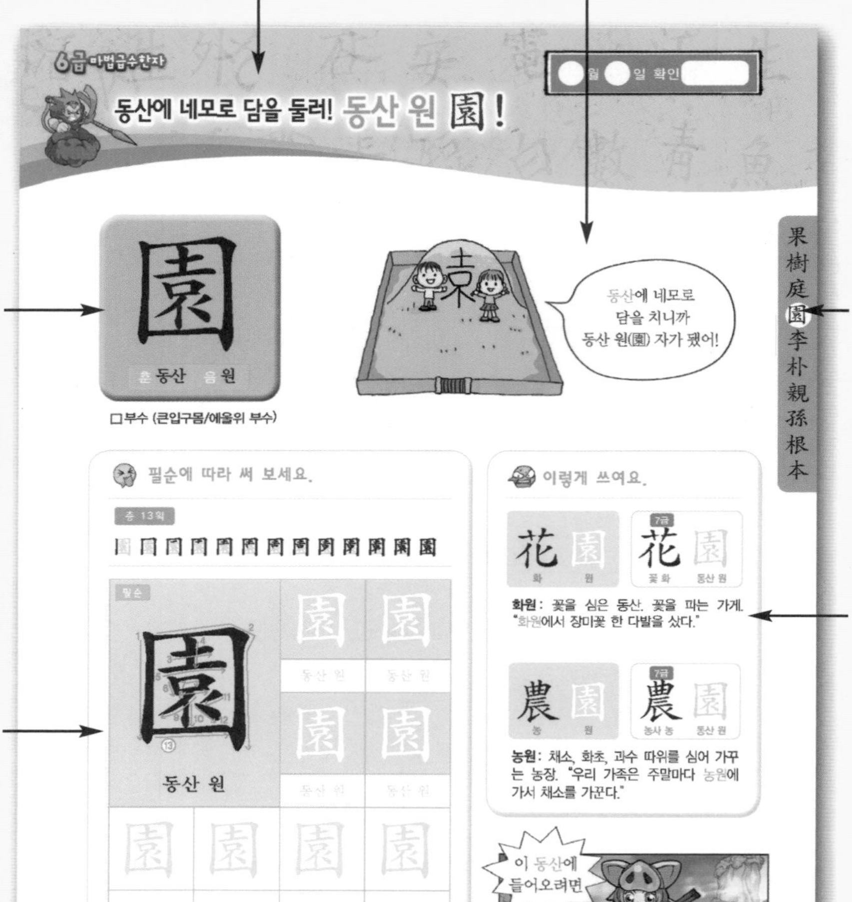

6급 마법급수한자
월 일 확인
동산에 네모로 담을 둘러! 동산 원 園!
園
훈 동산 음 원
口부수 (큰입구몸/에울위 부수)
동산에 네모로 담을 치니까 동산 원(園) 자가 됐어!
果樹庭園李朴親孫根本
필순에 따라 써 보세요.
총 13획
동산 원
이렇게 쓰여요.
花園
화원: 꽃을 심은 동산. 꽃을 파는 가게. "화원에서 장미꽃 한 다발을 샀다."
農園
농원: 채소, 화초, 과수 따위를 심어 가꾸는 농장. "우리 가족은 주말마다 농원에 가서 채소를 가꾼다."
이 동산에 들어오려면
먼저 내 허락을 받아야 돼!
33

훈/음, 부수

훈과 음과 부수를 보여 줍니다.

빨리 찾기

여기를 보면, 한자를 쉽게 찾을 수 있습니다.

필순 보기

필순과 더불어 획의 방향이 나타나 있어서 알아보기가 쉽습니다. 필순이 표시된 방향을 따라서 손가락으로 책 위에 한자를 써 봅시다.

낱말 활용

한 글자에 낱말이 두 개씩! 방금 익힌 한자가 낱말 속에서 어떻게 쓰이는지 예문과 함께 살펴보세요.

필순대로 써 보기

필순에 따라 한자를 직접 써 봅니다. 필순이 손에 익으면 한자도 쉽게 외워지고, 한자 모양도 예뻐집니다.

〈마법천자문〉 한 장면

한자나 낱말에 관련된 〈마법천자문〉의 한 장면입니다.
〈마법천자문〉을 읽은 사람에게는 더욱 효과적이지요!

〈마법급수한자〉는 이렇게 달라요.

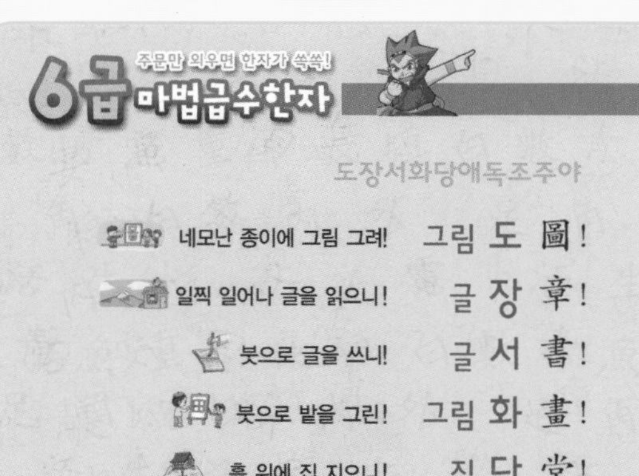
주문만 외우면 한자가 쏙쏙!
6급 마법급수한자
도장서화당애독조주야
네모난 종이에 그림 그려! 그림 도 圖!
일찍 일어나 글을 읽으니! 글 장 章!
붓으로 글을 쓰니! 글 서 書!
붓으로 밭을 그린! 그림 화 畫!
흙 위에 집 지으니! 집 당 堂!

청킹으로 낱자들을 묶어서 기억한다! 한자의 키 포인트를 주문으로 외운다!

〈마법급수한자〉는 학습할 낱자들을 서로 관련성이 높은 것끼리 묶어서 기억합니다. 청킹(chunking: 덩어리) 기법으로 외우면, 암기가 훨씬 빨라지고, 오래 기억할 수 있습니다. 또, 〈마법급수한자〉의 모든 한자에는 주문이 달려 있습니다. 이 주문은 한자의 생성 원리와 형태, 훈과 음을 한 덩어리로 외우게 하여 암기 부담을 덜어 줍니다.

아니, 언제 이쪽으로 왔지?
난 천재야. 어떤 분야든 못하는 게 없어!
그야말로 팔방미인이라고나 할까?
쳇! 잘난 척은…
커다란 양을 그리고 있구나!
아냐, 아냐! 이건…
아름다울 미(美) 자를 그림으로 표현한 거야.
말 되네! 양 양(羊)에 큰 대(大)! 양은 큰 놈이 아름답다!
어쭈, 제법인데! 네가 마음에 들어. 너, 우리 집에 갈래?

만화로 익히니 한자가 더욱 재미있다! 만화만으로도 쉽게 한자를 익힐 수 있어!

〈마법급수한자〉는 급수서의 딱딱한 틀에서 벗어나 학습 과정에 만화를 적극 도입하였습니다. 만화 속에는 공부할 한자나 낱말들이 꼬리를 물고 등장하여 충분한 선행학습이 이루어지게 됩니다. 또, 각 한자와 관련된 〈마법천자문〉의 장면이 함께 나와 있어 더욱 효과적으로 암기가 됩니다.

귀신이 보인다
귀신 신!
神
급하다 급해
급할 급!
急

암기에 실제로 도움이 되는 독창적·현대적인 자원(字源) 해설!

일반적인 자원 해설은 어른조차 이해하기 힘듭니다. 〈마법급수한자〉의 자원 해설은 한자의 생성 원리에 기초하면서도, 한자 암기에 실제적으로 도움이 되도록 많은 부분을 어린이의 시각에서 현대적으로 재구성하였습니다.

6급 마법급수한자 낱말 깨치기
월 일 확인
음악
音樂
소리 음 풍류 악
음악 : 인간의 생각이나 감정을 목소리나 악기 등의 소리로써 나타내는 예술.
미술
美術
아름다울 미 재주 술
미술 : 그리거나 만들어 아름다움을 시각적으로 표현하는 예술.

낱자가 아니라 낱말로 익히는 한자! 어휘 학습을 대폭 강화했습니다.

한자 공부의 궁극적인 목적은 어휘력을 높이는 것입니다. 〈마법급수한자〉는 낱자 학습에서 글자마다 2개씩 100개의 낱말을 예문과 함께 익힐 수 있습니다. 또, 별도의 〈낱말 깨치기〉 코너를 통해 6급 낱말 60개에 대한 쓰기 연습을 할 수 있습니다.

잠깐만!

잠깐씩 묶어서 공부해요!

6급 시험에는 읽기, 쓰기, 반의어, 유의어, 동음이의어, 완성형, 필순 등 다양한 문제들이 출제됩니다. 아래의 '잠깐만' 코너를 통해 이런 문제들에 잘 대비합시다.

6급-1 마법급수한자

6급-2 마법급수한자

6급-3 마법급수한자

주문만 외우면 한자가 쏙쏙!

6급 마법급수한자

음악미술분야영재신동

	날 일 위에 설 립!	소리	음	音!
	음악은 즐거워라!	즐거울	락	樂!
	양은 큰 놈이 아름다워!	아름다울	미	美!
	다닐 행에 재주 부려!	재주	술	術!
	여덟 팔을 칼로 나눠!	나눌	분	分!
	마을에 들판이 있어!	들	야	野!
	풀 한가운데서 꽃이 피니!	꽃부리	영	英!
	손재주 좋아!	재주	재	才!
	귀신이 보인다!	귀신	신	神!
	마을에 서 있는 건!	아이	동	童!

낱말을 만들어 봐!
音樂, 美術, 分野
英才, 神童, 英美!

이상한 천재 소년

여기가 악마의 섬! 그런데 불불단은 어디로 갔을까?
스윽
저쪽에 뭔가 있어. 저리로 가 보자.
불불단은 여기 없어!
깜짝
넌 누구니? 여기서 뭐 해?
불불단은 떠났어. 그러니 이 섬도 이제 자유야.
날 몰라? 난 음악 영재야.
자, 들어 봐. 기분이 즐거워지는 음악이야.
그렇구나! 정말 기분이 좋아지네!
툭툭
당연하지. 노래 악(樂)은 즐거울 락(樂)도 되니까.

자유(自由), 음악(音樂), 영재(英才)

어,
넌 또
누구야?

날 모르다니!
난 미술 신동이야!

방금 그 애랑
똑같이
생겼구나!
당연하지,
내가 그 애고,
그 애가
나니까.

아니, 언제
이쪽으로 왔지?
난 천재야.
어떤 분야든
못하는 게 없어!

그야말로
팔방미인
이라고나 할까?
쳇!
잘난 척은….

커다란 양을
그리고 있구나!
아냐, 아냐!
이건….

아름다울 미(美)
자를 그림으로
표현한 거야.

말 되네! 양 양(羊)에
큰 대(大)! 양은 큰 놈이
아름답다!

어쭈, 제법인데! 네가 마음에 들어.
너, 우리 집에 갈래?

미술(美術), 신동(神童), 천재(天才), 분야(分野), 팔방미인(八方美人), 표현(表現)

월 일 확인

날 일 위에 설 립! 소리 음 音!

音樂美術分野英才神童

音
훈 소리 음 음

音 부수 (소리음 부수)

깜짝이야!
그 녀석 비명 소리
정말 크구나!

앗! 뜨거워!

태양〔日〕 위에
서 있으니〔立〕
뜨거운 게 당연하지!

필순에 따라 써 보세요.

총 9획

音 音 音 音 音 音 音 音 音

필순
音
소리 음
소리 음
소리 음
소리 음
소리 음

이렇게 쓰여요.

音速
음 속

3-54쪽
音速
소리 음 빠를 속

음속 : 소리의 속도. 보통 1초에 약 340미터. "요즘 전투기들은 대개 음속의 두 배 이상으로 날 수 있다."

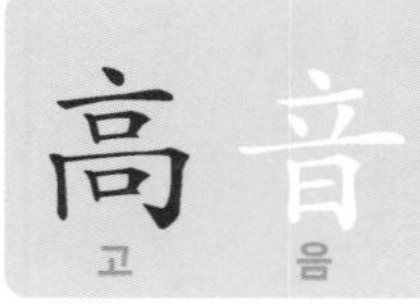
高音
고 음

3-12쪽
高音
높을 고 소리 음

고음 : 높은 소리. "바이올린은 현악기 중에서 가장 고음을 내는 악기이다."

울려라!
소리 음!
音
손오공
도와줘

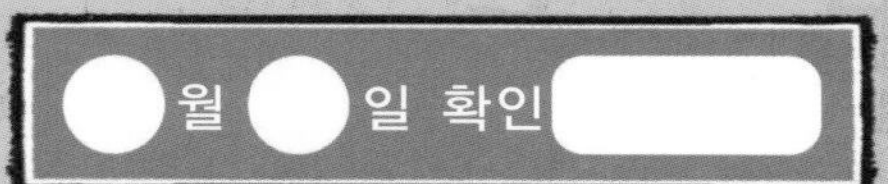
월
일 확인

음악은 즐거워라! 즐거울 락 樂!

樂
훈 즐거울/노래 음 락(악)/악

木부수 (나무목 부수)

음악은 즐거워!
樂은
'즐거울 락'도 되고
'노래 악'도 돼!

필순에 따라 써 보세요.

총 15획

樂 樂 樂 樂 樂 樂 樂 樂 樂 樂 樂 樂 樂 樂 樂

필순

樂

즐거울 락

樂	樂
즐거울 락	즐거울 락
樂	樂
즐거울 락	즐거울 락

樂	樂	樂	樂
樂	樂	樂	樂

이렇게 쓰여요.

農樂
농 악

7급
農 樂
농사 농 노래 악

농악: 농촌에서 연주되는 우리나라 고유의 음악. "농악 소리가 울려 퍼지자, 마을 잔치는 더욱 무르익어 갔다."

行樂
행 락

2-18쪽
行 樂
다닐 행 즐거울 락

행락: 잘 놀고 즐겁게 지냄. "피서지마다 행락 인파로 발 디딜 틈이 없는 상황이다."

樂
즐거울
락!
오예!

월 일 확인

양은 큰 놈이 아름다워! 아름다울 미 美!

音樂美術分野英才神童

美
훈 아름다울 음 미

羊 부수 (양양 부수)

나만큼
큰〔大〕 양(羊 양 양)
있으면 나와
보라고 해!
멋져!
美 같아!
아름다워!

필순에 따라 써 보세요.

총 9획

美 美 美 美 美 美 美 美 美

필순
美
아름다울 미
아름다울 미
아름다울 미
아름다울 미
아름다울 미

이렇게 쓰여요.

美名
미 명

7급
美名
아름다울 미 이름 명

미명: 그럴듯하게 내세운 명목이나 명칭. "그들은 개발이라는 미명 아래 자연 파괴를 일삼았다."

韓美
한 미

8급
韓美
나라 한 아름다울 미

한미: 한국과 미국을 함께 이르는 말. "한미 합작으로 만든 이 영화는 개봉 전부터 큰 화제를 불러 모았다."

미인이란
바로
나를 두고
하는 말!

월 일 확인

다닐 행에 재주 부려! 재주 술 術!

術
훈 재주 음 술

行 부수 (다닐행 부수)

다닐 행(行)을
行

짜잔!
재주를 부려서
이렇게 바꿨습니다!
術

音樂美術分野英才神童

필순에 따라 써 보세요.

총 11획

術

재주 술

이렇게 쓰여요.

話	術
화	술

7급 話 말씀 화 / 術 재주 술

화술: 자신의 생각을 말로 잘 표현하는 기술. "화술이 뛰어난 사람은 에스키모에게도 얼음을 판다."

手	術
수	술

7급 手 손 수 / 術 재주 술

수술: 살갗이나 몸의 일부를 째거나 잘라서 병을 고치는 일. "그는 어제 수술을 받았다.", "수술이 성공적으로 끝났다."

깜짝 놀랄
만한 마술을
보여 주마!

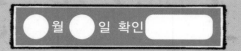

월 일 확인

여덟 팔을 칼로 나눠! 나눌 분 分!

音樂美術分野英才神童

分
훈 나눌 음 분

刀 부수 (칼도 부수)

요즘 유행하는
한쪽 팔자수염이야.
팔자수염〔八〕을
칼(刀 칼 도)로
잘랐지!

필순에 따라 써 보세요.

총 4획

필순
分
나눌 분
나눌 분
나눌 분
나눌 분
나눌 분

이렇게 쓰여요.

分家 (분 가) — 7급 分家 (나눌 분, 집 가)

분가: 가족의 일부가 결혼 등의 이유로 따로 살림을 차려 나감. "삼촌은 결혼과 더불어 분가하였다."

名分 (명 분) — 7급 名分 (이름 명, 나눌 분)

명분: 어떤 일을 하기 위해 내세울 만한 이유나 구실. "이 전쟁은 아무리 봐도 명분이 없다."

나무가
여덟 토막으로
나눠졌어!
쩌억

월 일 확인

마을에 들판이 있어! 들 야 野!

野
훈 들 음 야

里 부수 (마을리 부수)

마을 옆에는 대개
들판이 있잖아.
그러니 들 야(野)에
마을 리(里)가
들어 있지.

音樂美術分野英才神童

필순에 따라 써 보세요.

총 11획

野 野 野 野 野 野 野 野 野 野 野

필순

野

들 야

이렇게 쓰여요.

平野 (평 야) — 7급 平 평평할 평, 野 들 야

평야: 아주 넓은 들. "강의 하류에는 기름진 평야가 발달한다."

野生 (야 생) — 野 들 야, 8급 生 날 생

야생: 산이나 들에서 저절로 나서 자람. 또는 그런 생물. "야생동물을 집에서 길들이는 것은 쉽지 않다."

정말 아름다운
들판이야,
손오공!
쿨쿨….

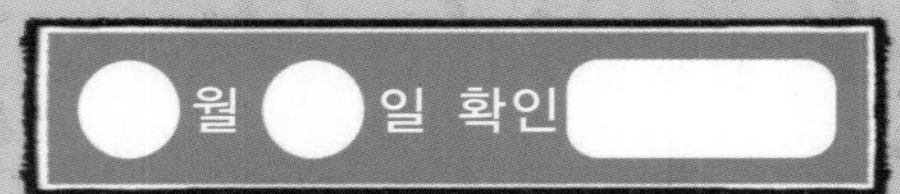
월 일 확인

풀 한가운데서 꽃이 피니! 꽃부리 영 英!

音樂美術分野英才神童

英
훈 꽃부리 음 영

++(艸) 부수 (초두머리/풀초 부수)

잡초 한가운데에
꽃이 피었네!
풀 초(++)에 가운데 앙(央)!

필순에 따라 써 보세요.

총 9획

英 英 英 英 英 英 英 英 英

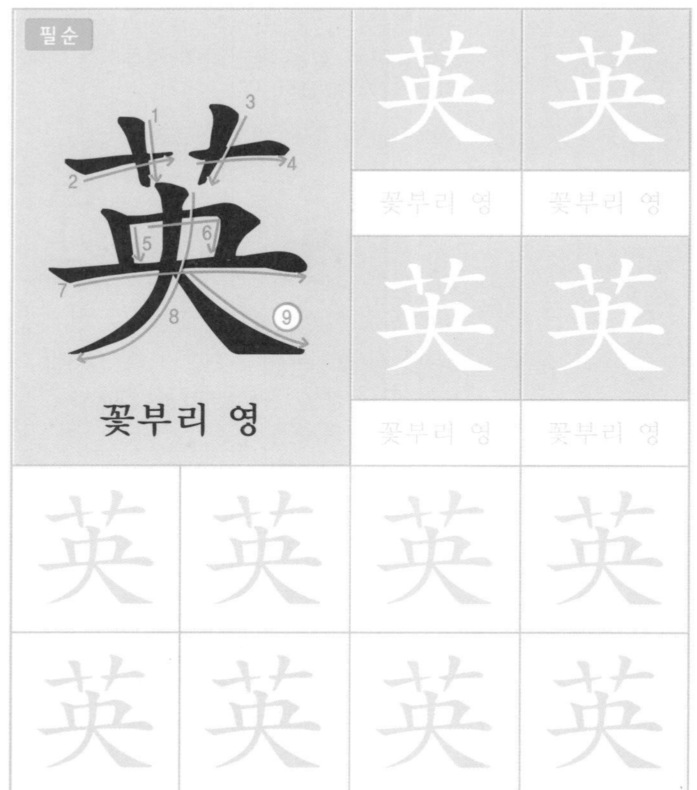
필순
英
꽃부리 영
꽃부리 영
꽃부리 영
꽃부리 영
꽃부리 영

이렇게 쓰여요.

英雄 (영 웅) — 5급 英 꽃부리 영, 雄 수컷 웅

영웅: 지혜와 재능, 용기가 뛰어나 보통 사람이 할 수 없는 위대한 일을 해낸 사람. "영웅은 어려운 시절에 나타나는 법이다."

英語 (영 어) — 7급 英 꽃부리 영, 語 말씀 어

영어: 미국, 영국 등 세계 여러 나라에서 국어로 쓰이는 언어. "유아부터 성인에 이르기까지 영어 교육 열풍이 불고 있다."

꽃잎 전체를
꽃부리라고
하지.

손재주 좋아! 재주 재 才!

월 일 확인

才
훈 재주 음 재

手(扌)부수 (손수 부수)

이걸 네가 만들었다니 재주가 좋구나!
제목이 '재주 재' 예요. 손 수(手) 자를 조금 바꾼 것이지요.
재주 재

필순에 따라 써 보세요.

총 3획

才 才 才

필순
1
2
3
재주 재

이렇게 쓰여요.

天 才	7급 天 才
천 재	하늘 천 재주 재

천재: 선천적으로 남보다 뛰어난 재능을 타고난 사람. "천재는 재능만으로 이루어지지 않는다."

才 氣	才 氣 7급
재 기	재주 재 기운 기

재기: 재주 있어 보이는 기질. "재기 넘치는 그의 말솜씨에 울던 사람도 웃고 갔다고 한다."

나는 화과산의 천재 원숭이!

월
일 확인

귀신이 보인다! 귀신 신 神!

音樂美術分野英才神童

神
훈 귀신 음 신

示 부수 (보일시 부수)

우리가 사람들에게 보일까? 흐흐흐….
귀신 신(神)처럼 보이지 않을까? 크크크….

필순에 따라 써 보세요.

총 10획

필순
神
귀신 신

이렇게 쓰여요.

神話
신 화
7급
귀신 신 말씀 화

신화: 신이나 초자연적인 존재가 등장하는 이야기. "그리스 로마 신화는 읽으면 읽을수록 재미있다."

神父
신 부
8급
귀신 신 아비 부

신부: 천주교에서 주교 바로 아래에 있는 성직자. "우리 성당의 신부님은 어린이를 좋아하신다."

무서워라! 귀신 신!
휘이이이이

월 일 확인

마을에 서 있는 건! 아이 동 童!

童
훈 아이 음 동

立 부수 (설립 부수)

마을 리(里)에
설 립(立)이 왜
아이 동(童)이냐고?
마을에는 늘 아이들이
서 있잖아.

필순에 따라 써 보세요.

총 12획

童 童 童 童 童 童 童 童 童 童 童 童

필순
아이 동

이렇게 쓰여요.

童 心
동 심

7급
童 心
아이 동 마음 심

동심: 어린이의 마음. 어린이의 마음처럼 순진한 마음. "이 그림은 동심의 세계를 잘 표현하였다."

童 子
동 자

7급
童 子
아이 동 아들 자

동자: 나이가 어린 남자아이. "옥동자는 나이보다 꽤 어려 보인다."

내 이름을
왜 동자라고
지었을까?

월 일 확인

음악

音樂

소리 음 노래 악

音樂 音樂 音樂 音樂
音樂 音樂 음樂 音樂

음악 : 인간의 생각이나 감정을 목소리나 악기 등의 소리로써 나타내는 예술.

미술

美術

아름다울 미 재주 술

美術 美術 美術 美術
美術 美術 美術 美術

미술 : 그리거나 만들어 아름다움을 시각적으로 표현하는 예술.

분야

分野

나눌 분 들 야

分野 分野 分野 分野
分野 分野 分野 分野

분야 : 여러 갈래로 나누어진 범위나 부분.

영재

英才

꽃부리 영 재주 재

英才 英才 英才 英才
英才 英才 英才 英才

영재 : 뛰어난 재주. 또는 그런 재주를 지닌 사람.

월 일 확인

신동

神童

귀신 신 아이 동

神童 神童 神童 神童
神童 神童 神童 神童

신동 : 재주가 남달리 뛰어난 아이.

영미

英美

꽃부리 영 아름다울 미

英美 英美 英美 英美
英美 英美 英美 英美

영미 : 영국(英國)과 미국(美國)을 함께 이르는 말.

독음

98쪽

讀音

읽을 독 소리 음

讀音 讀音 讀音 讀音
讀音 讀音 讀音 讀音

독음 : 한자의 음. 글을 읽는 소리.

영특

2-74쪽

英特

꽃부리 영 특별할 특

英特 英特 英特 英特
英特 英特 英特 英特

영특 : 남달리 재주나 지혜가 뛰어남.

부분

2-80쪽

部分

거느릴 부 나눌 분

部分 部分 部分 部分
部分 部分 部分 部分

부분: 전체를 이루는 작은 범위. 전체를 몇으로 나눈 것의 하나.

야구

3-55쪽

野球

들 야 공 구

野球 野球 野球 野球
野球 野球 野球 野球

야구: 투수가 던진 공을 타자가 쳐서 점수를 내는, 9명이 한 팀이 되어 하는 경기.

동고동락

7급 3-77쪽 7급

同苦同樂

한가지 동 쓸 고 한가지 동 즐거울 락

同苦同樂 同苦同樂 同苦同樂

동고동락: 괴로움도 즐거움도 함께함.

팔방미인

8급 7급 8급

八方美人

여덟 팔 모 방 아름다울 미 사람 인

八方美人 八方美人 八方美人

팔방미인: 여러 가지를 다 잘하는 사람.

월 일 확인

1 다음 글을 읽고, 한자로 된 낱말의 음(音)을 한글로 쓰세요.

(1) 나는 요즘 컴퓨터로 音樂을 듣는다.

(2) 성호는 어릴 적에 神童이라는 얘기를 많이 들었다.

(3) 저 애는 어떤 分野이건 모르는 게 없어.

(4) 너는 美術을 좋아하니 커서 화가가 되렴.

(5) 이 학교는 英才 교육을 위해 세워졌다.

(6) 이 영화는 첫 部分이 조금 지루하다.

(7) 요즘 전투기들은 대개 音速의 두 배 이상으로 날 수 있다.

(8) 피서지마다 行樂 인파로 발 디딜 틈이 없는 상황이다.

(9) 우리 성당의 神父님은 어린이를 좋아하신다.

(10) 이 그림은 童心의 세계를 잘 표현하였다.

2 다음 한자어(漢字語)의 독음(讀音)을 쓰세요.

(1) 長音 ( )	(2) 農樂 ( )
(3) 美人 ( )	(4) 手術 ( )
(5) 分家 ( )	(6) 英國 ( )
(7) 天才 ( )	(8) 神話 ( )
(9) 韓美 ( )	(10) 野生 ( )

월 일 확인

3 다음 한자의 훈(訓)과 음(音)을 쓰세요.

(1) 美 ( ) (2) 分 ( )

(3) 英 ( ) (4) 童 ( )

(5) 神 ( ) (6) 樂 ( )

(7) 才 ( ) (8) 術 ( )

(9) 音 ( ) (10) 野 ( )

4 다음 글을 읽고, 밑줄 친 낱말을 한자로 쓰세요.

(1) 이 소파는 참 안락하다.

(2) 그 선비는 벼슬길을 버리고 초야에 묻혀 살았다.

(3) 아프로디테는 미의 여신이다.

(4) 나는 아침마다 30분씩 영어를 공부한다.

(5) 춘분이 지나고 나니 곳곳에서 봄기운이 물씬 난다.

(6) 요즘 농촌에는 젊은 사람들이 별로 없다.

(7) 길에다 휴지를 함부로 버리면 못써!

(8) 아버지께서 돌아가시자 형이 가장 노릇을 대신했다.

(9) 이 나무는 우리 모두의 소유이다.

(10) 저의 조부께서는 독립 운동을 하셨습니다.

월 일 확인

5 다음 빈칸에 들어갈 한자를 쓰세요.

(1) 八方 □ 人 : 여러 가지 일을 다 잘하는 사람.

(2) 同苦同 □ : 괴로움도 즐거움도 함께함.

(3) 神 □ : 재주가 남달리 뛰어난 아이.

(4) 英 □ : 뛰어난 재주. 또는 그런 재주를 지닌 사람.

6 다음 한자어(漢字語)의 뜻을 쓰세요.

(1) 平野

(2) 童心

(3) 話術

(4) 讀音

7 다음 한자와 상대 또는 반대되는 한자를 〈보기〉에서 골라 그 번호를 쓰세요.

보기 ① 後 ② 術 ③ 先 ④ 學 ⑤ 校 ⑥ 老

(1) 教 (　　　　)　　(2) 前 (　　　　)

(3) 童 (　　　　)

8 다음 물음에 대한 답을 〈보기〉에서 골라 그 번호를 쓰세요.

보기 ① 樂 ② 分 ③ 洞 ④ 音 ⑤ 術 ⑥ 神

(1) 歌와 뜻이 비슷한 한자는?

(2) 才와 뜻이 비슷한 한자는?

(3) 童과 음이 같은 한자는?

9 다음 한자에서 ㉠획은 몇 번째 획일까요?

① 첫 번째
② 두 번째
③ 네 번째
④ 다섯 번째

10 다음 한자에서 ㉠획은 몇 번째 획일까요?

① 네 번째
② 다섯 번째
③ 여섯 번째
④ 일곱 번째

주문만 외우면 한자가 쏙쏙!

6곱 마법곱수한자

과수정원이박친손근본

나무에 열매 열려!	열매	과	果!
살아서 자라는 나무!	나무	수	樹!
집 안에 뜰이 있어!	뜰	정	庭!
 동산에 네모로 담을 둘러!	동산	원	園!
나무 아래 아들이 있으니!	오얏	리	李!
나무 옆에서 점을 보는!	성	박	朴!
 친한 이는 어버이라!	친할	친	親!
 아들의 아들로 이어지니!	손자	손	孫!
 나무는 뿌리로 땅에 머무르니!	뿌리	근	根!
 나무의 근본은 뿌리!	근본	본	本!

낱말을 만들어 봐!
果樹, 庭園, 親孫
根本, 果樹園, 親庭!

여섯 나무의 예언

저기가 우리 집이야.
동산 원(園) 모양의
정원이 보이지?

어서 오렴.
콜록콜록~
우리 할아버지야.
친할아버지는
아니지만.

나는 먹을 것
좀 내 올게.
여긴 악마의 섬이라
부르기에는 너무나
아름다운 곳이에요.
혹시
'여섯 나무의 예언' 을
아니?
쫑긋
아뇨!
고서에 적혀 있는
이 섬에 관한 예언이야.
나무 성(姓)을 지닌
두 사람이 나무 둘을
베어 내고, 나무 둘을
심었다가 섬의
노여움을 산다는….

본래 이 섬 한가운데에는
태고의 신비를 간직한 고목이 있었어.
얼마나 큰지 그 뿌리가
온 섬에 뻗어 있었지.
그 모습이 근본
본(本) 자를 닮아서
'근본나무' 라고
불렸어.

아주 오래 전 이씨와 박씨 성을
가진 두 사람이 이 섬에 건너왔지.
朴
李

정원(庭園), 고서(古書), 본래(本來), 태고(太古), 고목(古木), 근본(根本)

두 사람은 섬에다 과수원을 만들기 시작했어.

과수를 심다가 근본나무의 뿌리에 부딪친 두 사람은 근본나무를 뿌리째 뽑아 버렸어. 이 섬의 불행은 거기서 시작되었지….

쿠쿠

예언이 맞았군요.
李와 朴 모두
나무 목(木)이
들어가는 성이잖아요!
李와 朴!
그렇지.
정말 영특한
아이구나!
李
朴

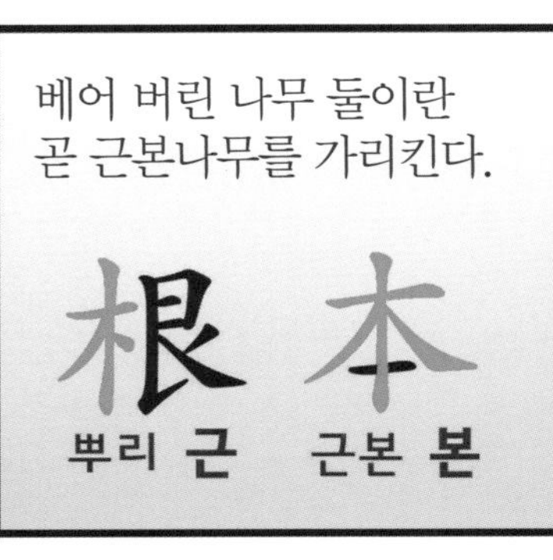
베어 버린 나무 둘이란
곧 근본나무를 가리킨다.
根 本
뿌리 근 근본 본

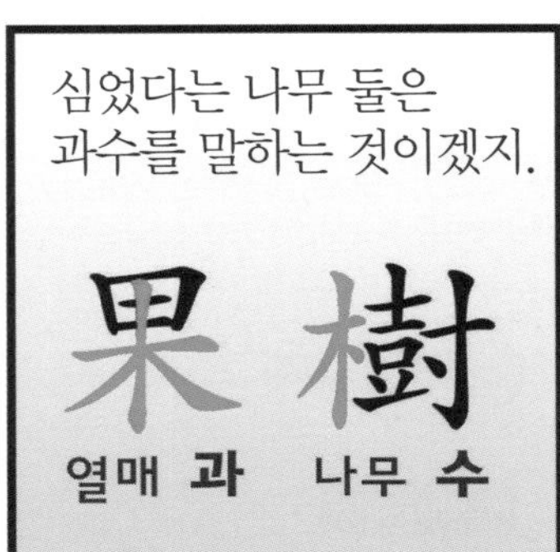
심었다는 나무 둘은
과수를 말하는 것이겠지.
果 樹
열매 과 나무 수

근본나무가 뽑히자, 이 섬은 더 이상 아무 것도
자라지 않는 죽음의 섬이 되어 버렸단다.

섬의 노여움을 산 두 사람은 그 뒤
폭풍우에 휩쓸려 죽고, 그들의 자손
들까지도 몹쓸 병에 시달렸지.

그럼
저 애가!
그렇단다. 단 하나 남은
그 후손이란다. 몸은 아이라
도 나이는 스무 살이다.

과수원(果樹園), 시작(始作), 과수(果樹), 불행(不幸), 영특(英特), 자손(子孫), 병(病), 후손(後孫)

월 일 확인

나무에 열매 열려! 열매 과 果!

果 樹 庭 園 李 朴 親 孫 根 本

果

훈 열매 음 과

木 부수 (나무목 부수)

나무〔木〕에
밭 전(田) 모양의
열매가 열렸어요.

필순에 따라 써 보세요.

총 8획

果 果 果 果 果 果 果 果

필순
열매 과
열매 과
열매 과
열매 과
열매 과

이렇게 쓰여요.

果 然 (과 연) — 7급 果 열매 과, 然 그럴 연

과연: 생각하거나 들었던 것처럼 정말로. "듣던 대로 과연 똑똑한 아이구나!", "창수가 과연 저 도랑을 건너뛸 수 있을까?"

成 果 (성 과) — 2-34쪽 成 이룰 성, 果 열매 과

성과: 이루어 낸 결실. "등수를 떠나서 '할 수 있다.'는 자신감을 얻은 게 이번 대회의 가장 큰 성과이다."

열려라!
열매 과!

월 일 확인

살아서 자라는 나무! 나무 수 樹!

樹
훈 나무 음 수

木 부수 (나무목 부수)

베어 낸 나무는
樹라고 안 해.
樹는 살아 있는
나무만 가리키니까.

果 樹 庭 園 李 朴 親 孫 根 本

필순에 따라 써 보세요.

총 16획

필순

樹

나무 수

이렇게 쓰여요.

樹 木
수 목
8급
나무 수 나무 목

수목: 살아 있는 나무. "이 숲은 수목이 울창하다.", "수목원(樹木園)에 와서 맑은 공기를 마셨더니 머리가 상쾌해졌다."

植 樹
식 수
7급
심을 식 나무 수

식수: 나무를 심음. "행사가 끝날 쯤에는 기념 식수가 있을 예정이다."

이놈!
동자야!
나무가
살아 있네!
그 도끼로
나를 베려고?
악!

월 일 확인

집 안에 뜰이 있어! 뜰 정 庭!

果 樹 庭 園 李 朴 親 孫 根 本

庭
훈 뜰 음 정

广 부수 (엄호/집엄 부수)

이번에 집 안에다 정원을 새로 만들었어.

필순에 따라 써 보세요.

총 10획

필순
뜰 정

이렇게 쓰여요.

家庭 (가 정) — 7급 家庭 (집 가, 뜰 정)

가정: 한 집에서 살아가는 가족의 모임. "그는 나라의 독립을 위해 싸우느라 가정을 돌볼 틈이 없었다."

校庭 (교 정) — 8급 校庭 (학교 교, 뜰 정)

교정: 학교의 마당이나 운동장. "졸업생들은 정든 교정을 떠나며 아쉬워했다."

정원 구석에 낮잠 자기 좋은 장소가 있군!
흠냐.

월
일 확인

동산에 네모로 담을 둘러! 동산 원 園!

園

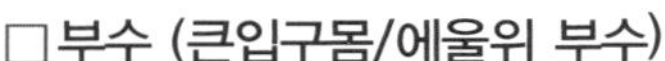
훈 동산 음 원

동산에 네모로
담을 치니까
동산 원(園)이 됐어!

부수 (큰입구몸/에울위 부수)

필순에 따라 써 보세요.

총 13획

필순
동산 원

이렇게 쓰여요.

花 園	7급 花 園
화 원	꽃 화 동산 원

화원: 꽃을 심은 동산. 꽃을 파는 가게. "화원에서 장미꽃 한 다발을 샀다."

農 園	7급 農 園
농 원	농사 농 동산 원

농원: 채소, 화초, 과수 따위를 심어 가꾸는 농장. "우리 가족은 주말마다 농원에 가서 채소를 가꾼다."

이 동산에
들어오려면
먼저
내 허락을
받아야 돼!

월
일 확인

나무 아래 아들이 있으니! 오얏 리 李!

果 樹 庭 園 李 朴 親 孫 根 本

李
훈 오얏/성 음 리(이)

木 부수 (나무목 부수)

이(李)씨 아들〔子〕이
나무〔木〕 아래에서
놀고 있네.

필순에 따라 써 보세요.

총 7획

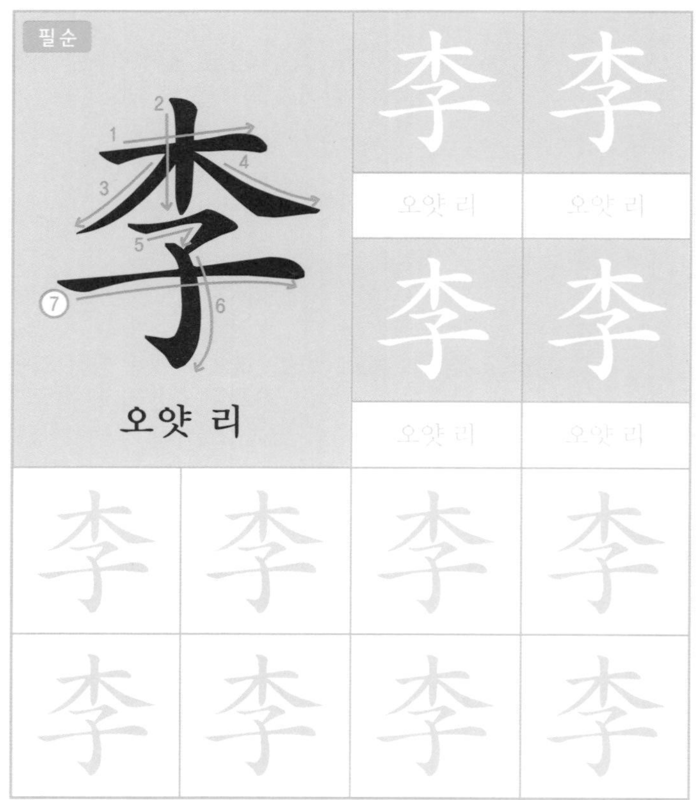
李 李 李 李 李 李 李
필순
오얏 리
오얏 리
오얏 리
오얏 리
오얏 리

이렇게 쓰여요.

李 花	李 花 (7급)
이 화	오얏 리 꽃 화

이화: 자두나무의 꽃. "이화는 조선 왕조를 상징하는 꽃이었는데, 이는 이화의 이(李)가 이씨 성도 되기 때문이었다."

李 氏	李 氏 (4급)
이 씨	성 리 성 씨

이씨: 이씨 성. 성이 이씨인 사람. "이씨는 우리나라에서 김씨 다음으로 가장 흔한 성이다."

이번에는 꼭
이길 거야!
이씨의
명예를 걸고!
③ 이번도

월
일 확인

나무 옆에서 점을 보는! 성 박 朴!

朴
훈 성/순박할 음 박

木 부수 (나무목 부수)

나무〔木〕 옆에서
점(卜 점 복)을 보니,
자네 성이 박(朴)씨
아닌가?
대단한
점쟁이다!

필순에 따라 써 보세요.

총 6획

朴 朴 朴 朴 朴 朴

필순
朴
성 박

이렇게 쓰여요.

素 朴
소 박

4급
素 朴
흴 소 순박할 박

소박: 꾸밈이 없고 수수함. "그 애는 다른 부잣집 딸들과는 달리 소박한 옷차림을 좋아했다."

朴 哥 (박 가) — 1급 哥: 성박 朴, 성가 哥

박가: 성이 박씨인 사람. "그의 성은 박가였다."

반드시
이길 거야!
박씨의
명예를 걸고!
② 박드시

친한 이는 어버이라! 친할 친 親!

월 일 확인

親

훈 친할/어버이 음 친

見 부수 (볼견 부수)

제일 친한 친구가
부친과 모친이라고?
모두
친할 친(親)이
들어가잖아요.

필순에 따라 써 보세요.

총 16획

필순
친할 친
친할 친
친할 친
친할 친
친할 친

이렇게 쓰여요.

母 親 (모 친) — 8급 母 어미 모, 親 어버이 친

모친: '어머니'를 정중히 이르는 말. "모친께서는 안녕하신가?"

親 家 (친 가) — 7급 親 친할 친, 家 집 가

친가: 아버지의 일가. "나는 명절 때마다 친가에 간다."

우리 친구하자!
내 나이가
몇인데!
탁
네 친구냐?
읍!

월
일 확인

아들의 아들로 이어지니! 손자 손 孫!

孫
훈 손자 음 손

子 부수 (아들자 부수)

아들
아들
나는 아들의 아들이니까 할아버지께는 손자가 되는구나!

필순에 따라 써 보세요.

총 10획

필순
孫
손자 손

이렇게 쓰여요.

長 孫
장 손

8급
長 孫
길 장 손자 손

장손: 맏손자. 한 집안에서 맏이가 되는 후손. "할아버지께서는 나를 장손이라고 특별히 예뻐하신다."

王 孫
왕 손

8급
王 孫
임금 왕 손자 손

왕손: 임금의 손자 또는 후손. "세자가 일찍 병으로 죽자 왕손이 세자의 자리를 물려받았다."

우리 할아버지를 소개할게요.
몰라몰라
손녀랑 딱 닮았죠?

월 일 확인

나무는 뿌리로 땅에 머무르니! 뿌리 근 根!

果樹庭園李朴親孫根本

根
훈 뿌리 음 근

木 부수 (나무목 부수)

나무〔木〕의 뿌리가 튼튼하니 바람이 불어도 한곳에 머무를(艮 머무를 간) 수 있지.

필순에 따라 써 보세요.

총 10획

필순
根
뿌리 근

이렇게 쓰여요.

草 根 (초 근) — 7급 草 풀 초, 根 뿌리 근

초근: 풀뿌리. "몇 달째 가뭄이 계속되어, 사람들은 초근목피로 간신히 먹고 살았다."(초근목피: 풀뿌리와 나무껍질.)

根 源 (근 원) — 根 뿌리 근, 4급 源 근원 원

근원: 강이나 냇물 등의 물줄기가 처음 생겨서 흐르기 시작하는 곳. 어떤 일이 생겨나는 본바탕. "물은 생명의 근원이다."

뿌리야, 자라라! 뿌리 근!
根
악!
쑥
쑥
쑥
쑤우우우우욱

월 일 확인

나무의 근본은 뿌리! 근본 본 本!

本
훈 근본 음 본

이 나무 뿌리는 근본 본(本) 자처럼 생겼어.

木 부수 (나무목 부수)

필순에 따라 써 보세요.

총 5획

本 本 本 本 本

필순
1
2
3
4
5
근본 본

이렇게 쓰여요.

本 色
본 색

7급
本 色
근본 본 빛 색

본색: 본래의 색깔이나 생김새. 감추어져 있던 좋지 않은 본래의 정체. “악당은 마침내 본색을 드러냈다.”

本 人
본 인

8급
本 人
근본 본 사람 인

본인: 어떤 일에 직접 관련된 사람. 말하는 사람이 자기 스스로를 일컫는 말. “본인이 싫다면 어쩔 수 없지.”

근본 본!
어어!
본래 모습으로!
들켰다!
本

과수

果樹

열매 과 나무 수

果樹 果樹 果樹 果樹
果樹 果樹 果樹 果樹

과수 : 과실나무. 열매를 얻기 위하여 가꾸는 나무.

정원

庭園

뜰 정 동산 원

庭園 庭園 庭園 庭園
庭園 庭園 庭園 庭園

정원 : 집 안에 있는 뜰이나 꽃밭.

근본

根本

뿌리 근 근본 본

根本 根本 根本 根本
根本 根本 根本 根本

근본 : 가장 중요하고 기초가 되는 바탕. 사람의 본바탕.

친정

親庭

어버이 친 뜰 정

親庭 親庭 親庭 親庭
親庭 親庭 親庭 親庭

친정 : 시집 간 여자의 친부모가 사는 집.

월
일 확인

이백

8급

李白

성 리 　 흰 백

李白 李白 李白 李白

이백 : 중국 당나라의 유명한 시인.

본분

14쪽

本分

근본 본 　 나눌 분

本分 本分 本分 本分

본분 : 마땅히 해야 할 도리나 의무. 사람이 저마다 가지는 원래의 신분.

공원

2-30쪽

公園

공평할 공 　 동산 원

公園 公園 公園 公園

공원 : 사람들이 쉬거나 놀 수 있도록 숲이나 시설 등을 마련해 놓은 장소.

친근

2-11쪽

親近

친할 친 　 가까울 근

親近 親近 親近 親近

친근 : 어떤 사람과 사이가 가까움.

6급 마법급수한자 낱말 깨치기

월 일 확인

친손자

7급

親孫子

어버이 친 손자 손 아들 자

親孫子 親孫子
親孫子 親孫子

친손자 : 자기 아들의 아들.

지상낙원

7급 7급 11쪽

地上樂園

땅 지 위 상 즐거울 락 동산 원

地上樂園 地上
地上樂園 樂園

지상낙원 : 이 세상에서 더할 나위 없이 살기 좋은 곳.

후손

7급

後孫

뒤 후 손자 손

後孫 後孫 後孫 後孫
後孫 後孫 後孫 後孫

후손 : 자신의 세대에서 여러 세대가 지난 뒤의 자식들을 통틀어 이르는 말.

동성동본

7급 7급 7급

同姓同本

한가지 동 성 성 한가지 동 근본 본

同姓同本 同姓
同姓同本 同本

동성동본 : 성(姓)과 본관이 모두 같음.

월 일 확인

1 다음 글을 읽고, 한자로 된 낱말의 음(音)을 한글로 쓰세요.

(1) 庭園에 코스모스가 예쁘게 피었다.

(2) 큰아버지께서는 果樹園을 운영하신다.

(3) 그 애가 좀 퉁명스러워서 그렇지 根本은 착한 아이이다.

(4) 우리 아빠는 李씨이고 엄마는 朴씨이다.

(5) 할머니께서는 親孫子만 예뻐하시는 것 같아요.

(6) 학생의 本分은 뭐니 뭐니 해도 공부하는 것이다.

(7) 지금까지의 成果에 만족하지 않고 더 열심히 공부할 것이다.

(8) 樹木원에 와서 맑은 공기를 마시니 기분이 상쾌하다.

(9) 저녁을 먹은 후 公園에 가서 산책을 했다.

(10) 할아버지께서는 형이 長孫이라고 세뱃돈을 우리보다 더 많이 주셨다.

2 다음 한자어(漢字語)의 독음(讀音)을 쓰세요.

(1) 果然 ( ) (2) 植樹 ( )

(3) 校庭 ( ) (4) 花園 ( )

(5) 李花 ( ) (6) 本色 ( )

(7) 親家 ( ) (8) 王孫 ( )

(9) 草根 ( ) (10) 親庭 ( )

3 다음 한자의 훈(訓)과 음(音)을 쓰세요.

(1) 根 (　　　　　　)　(2) 果 (　　　　　　)

(3) 庭 (　　　　　　)　(4) 本 (　　　　　　)

(5) 樹 (　　　　　　)　(6) 園 (　　　　　　)

(7) 孫 (　　　　　　)　(8) 親 (　　　　　　)

(9) 李 (　　　　　　)　(10) 朴 (　　　　　　)

4 다음 글을 읽고, 밑줄 친 낱말을 한자로 쓰세요.

(1) 우리는 모두 단군의 후손들이다.

(2) 자네 부친께서는 안녕하신가?

(3) 인간 본연의 모습으로 돌아가자.

(4) 동물원에서 코끼리를 보았습니다.

(5) 그는 가정 교육을 엄하게 받고 자랐다.

(6) 이 계단은 노인이 오르내리기에는 너무 가파르다.

(7) 극장에 입장하자마자 영화가 시작되었다.

(8) 너는 아이답지 않게 매사에 빈틈이 없구나!

(9) 이번 연극은 효녀 심청에 관한 것이다.

(10) 백지 한 장도 맞들면 낫다.

월 일 확인

5 다음 빈칸에 들어갈 한자를 쓰세요.

(1) 地上樂☐ : 이 세상에서 더할 나위 없이 살기 좋은 곳.

(2) 同姓同☐ : 성과 본관이 모두 같음.

(3) ☐樹 : 과실나무. 열매를 얻기 위하여 가꾸는 나무.

(4) 家☐ : 한 집에서 살아가는 가족의 모임.

6 다음 한자어(漢字語)의 뜻을 쓰세요.

(1) 植樹

(2) 孫子

(3) 校庭

(4) 花園

7 다음 한자와 상대 또는 반대되는 한자를 〈보기〉에서 골라 그 번호를 쓰세요.

보기 ① 門 ② 母 ③ 問 ④ 老 ⑤ 祖 ⑥ 話

(1) 孫 (　　　　　)　(2) 答 (　　　　　)

(3) 父 (　　　　　)

월 일 확인

8 다음 물음에 대한 답을 〈보기〉에서 골라 그 번호를 쓰세요.

보기 ① 木 ② 草 ③ 數 ④ 少 ⑤ 朝 ⑥ 果

(1) 樹와 뜻이 비슷한 한자는?

(2) 樹와 음이 같은 한자는?

(3) 祖와 음이 같은 한자는?

9 다음 한자에서 ㉠획은 몇 번째 획일까요?

㉠

① 첫 번째
② 두 번째
③ 다섯 번째
④ 여섯 번째

10 다음 한자에서 ㉠획은 몇 번째 획일까요?

㉠

① 세 번째
② 아홉 번째
③ 열두 번째
④ 열세 번째

잠깐만!
반의어·상대어

뜻이 서로 반대되거나 상대되는 한자로 짝을 만들었습니다. 뜻을 생각하면서 써 봅시다.

上下 위 상 ⇔ 아래 하

長短 길 장 ⇔ 짧을 단

左右 왼 좌 ⇔ 오른 우

分合 나눌 분 ⇔ 합할 합

前後 앞 전 ⇔ 뒤 후

教習 가르칠 교 ⇔ 익힐 습

先後 먼저 선 ⇔ 뒤 후

學·教 배울 학 ⇔ 가르칠 교

內外 안 내 ⇔ 바깥 외

問答 물을 문 ⇔ 대답할 답

遠近 멀 원 ⇔ 가까울 근

心身 마음 심 ⇔ 몸 신

出入 날 출 ⇔ 들 입

手足 손 수 ⇔ 발 족

大小 큰 대 ⇔ 작을 소

言行 말씀 언 ⇔ 다닐 행

多少 많을 다 ⇔ 적을 소

言動 말씀 언 ⇔ 움직일 동

強弱 강할 강 ⇔ 약할 약

和戰 화목할 화 ⇔ 싸움 전

※ 반의어/상대어는 6급II 시험에 2문제, 6급 시험에 3문제씩 출제됩니다.
※ 한 단어로 쓰이지 않는 한자 사이에는 •을 넣었습니다.

잠깐만!

반의어 · 상대어

뜻이 서로 반대되거나 상대되는 한자로 짝을 만들었습니다. 뜻을 생각하면서 써 봅시다.

父 母 아비 부 ⇔ 어미 모

天 地 하늘 천 ⇔ 땅 지

兄 弟 형 형 ⇔ 아우 제

山 川 메 산 ⇔ 내 천

男 女 사내 남 ⇔ 계집 녀

江 山 강 강 ⇔ 메 산

老 少 늙을 로 ⇔ 젊을 소

東 西 동녘 동 ⇔ 서녘 서

祖 孫 할아비 조 ⇔ 손자 손

南 北 남녘 남 ⇔ 북녘 북

生 死 날 생 ⇔ 죽을 사

晝 夜 낮 주 ⇔ 밤 야

死 活 죽을 사 ⇔ 살 활

朝 夕 아침 조 ⇔ 저녁 석

苦 樂 쓸 고 ⇔ 즐거울 락

古 今 옛 고 ⇔ 이제 금

病·藥 병 병 ⇔ 약 약

昨 今 어제 작 ⇔ 이제 금

日 月 날 일 ⇔ 달 월

新 古 새 신 ⇔ 옛 고

※ 반의어/상대어는 6급Ⅱ 시험에 2문제, 6급 시험에 3문제씩 출제됩니다.
※ 한 단어로 쓰이지 않는 한자 사이에는 •을 넣었습니다.

6급 마법급수한자

주문만 외우면 한자가 쏙쏙!

병석미음의약급사다행

 병들어 침대에 누우니! 병 병 病!

 집에서 자리에 앉으니! 자리 석 席!

 쌀이 나무에서 열린다고? 쌀 미 米!

 입 크게 벌려 먹으니! 마실 음 飮!

 닭으로 병을 치료하는! 의원 의 醫!

풀을 말려 약을 만드니! 약 약 藥!

 마음이 급하니 발걸음도 총총! 급할 급 急!

죽으면 뼈만 앙상! 죽을 사 死!

 저녁이 두 번이니 먹을 게 많아! 많을 다 多!

방패가 있어 다행이야! 다행 행 幸!

낱말을 만들어 봐!
病席, 米飮, 醫藥
急死, 多幸, 病死,
病, 藥!

다시 기력의 돌을

큰일났어!
할아버지께서!
뭐라고?
벌떡

어쩌지?
미음을 토하시더니
갑자기 숨이 몹시
가빠지셨어.
안절
부절

의사를
불러!
이런 섬에
의사가
어디 있어!

그럼
약이라도
찾아봐!
약도
오래 전에
떨어졌어.

안 되겠다!
기력의 돌을
사용하자.

파
지
직

앗! 할아버지가
눈을 뜨셨어!

큰일날 뻔했어.
천만다행이야!

미음(米飮), 의사(醫師), 약(藥), 기력(氣力), 천만다행(千萬多幸)

얘야, 그건….
혹시 기력의 돌?
맞아요.
내 목숨을 구해 줘서 고맙긴 하다만, 생로병사란 하늘의 뜻이야. 기력의 돌을 함부로 사용해서는 안 된단다.
기력의 돌을 아시다니 할아버지는 누구시죠?
이십 년 전 나는 근본나무의 비밀을 알아내려고 이곳에 왔지.
톡톡
콜록 콜록!
그러나 나 또한 이 섬의 기운을 이기지 못하고 병석에 눕게 되었지.
약수를 드릴게요.
저 아이를 섬에서 만나 이제껏 친손자처럼 키웠단다.
….
친구 하나 없이 자랐지만, 근본은 착한 아이란다.
그럼 그렇지! 짐작한 대로 기력의 돌은 저 아이가 가지고 있었어!
!
!

생로병사(生老病死), 약수(藥水), 병석(病席), 친손자(親孫子), 근본(根本)

월
일 확인

병들어 침대에 누우니! 병 병 病!

病
훈 병 음 병

아이고 아파!
난 병에 걸렸어.

疒 부수 (병질엄/병들녁 부수)

필순에 따라 써 보세요.

총 10획

필순
病
병 병

이렇게 쓰여요.

問 病	7급 問 病
문 병	물을 문 병 병

문병: 아픈 사람을 찾아가 위로하는 일. "병원에 입원한 친구의 문병을 다녀왔다."

病 室	8급 病 室
병 실	병 병 집 실

병실: 병을 치료하기 위해 환자가 따로 머무르는 방. "문병 온 사람들로 병실이 북적댔다."

병이
후우
아직도
안 나았어.

월 일 확인

집에서 자리에 앉으니! 자리 석 席!

席
훈 자리 음 석

巾부수 (수건건 부수)

집에 와서
방석 위에 앉으니
더할 나위 없이
편안하구나.

필순에 따라 써 보세요.

총 10획

필순
席
자리 석

이렇게 쓰여요.

出席 (출 석) — 7급 出 날출 / 席 자리 석

출석: 학교나 회의 등에 참석함. "형은 6년간 단 하루도 출석을 거른 적이 없었다."

立席 (입 석) — 7급 立 설립 / 席 자리 석

입석: 열차나 버스에서 지정된 자리가 없어 서서 가는 자리. "명절 때라 열차표가 좌석은 매진되고 입석만 조금 남았다."

席
앉을 자리!
자리 석!

월 일 확인

쌀이 나무에서 열린다고? 쌀 미 米!

米
훈쌀 음미

米 부수 (쌀미 부수)

사과는 사과나무,
배는 배나무.
그러니까 쌀도
'쌀나무' 에서
열리는 거 아냐?

필순에 따라 써 보세요.

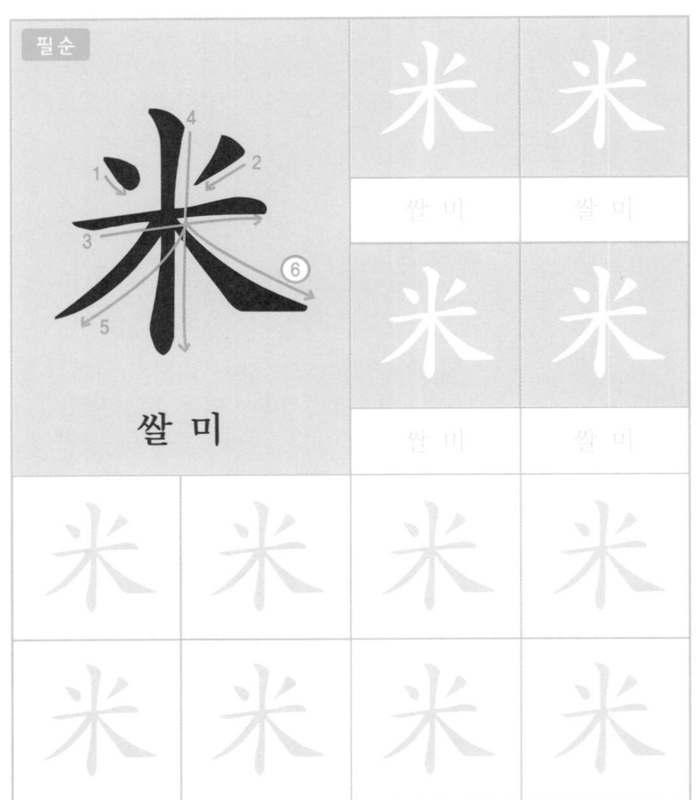
총 6획
米 米 米 米 米 米
필순
쌀 미
쌀 미
쌀 미
쌀 미
쌀 미

이렇게 쓰여요.

米 色
미 색

7급
米 色
쌀 미 빛 색

미색: 겉껍질만 벗겨 낸 쌀의 빛깔처럼 아주 엷은 노란색. "우리 집 바깥벽을 미색으로 칠했다."

白 米 백 미	8급 白 米 흰 백 쌀 미

백미: 흰쌀. "백미로 지은 밥이 맛은 있을지 몰라도 건강에는 잡곡밥이 더 좋다."

米
영양만점!
쌀!

월 일 확인

입 크게 벌려 먹으니! 마실 음 飮!

飮
훈 마실 음 음

飠(食)부수 (먹을식 부수)

이 미음(죽)을
한 번에 다 마시라고?
그거야
식은 죽 먹기지!

필순에 따라 써 보세요.

총 13획
필순
飮
마실 음

이렇게 쓰여요.

飮 食	7급 飮 食
음 식	마실 음 먹을 식

음식: 사람이 먹고 마시는 것. 음식물. "엄마는 음식 솜씨가 좋다고 동네에 소문이 자자하다."

飮 酒	4급 飮 酒
음 주	마실 음 술 주

음주: 술을 마심. "아빠가 다시는 음주 운전을 하지 않겠다고 내게 다짐하셨다."

제가 끓인
이 미음을
한번에
마셔 보겠
습니다!

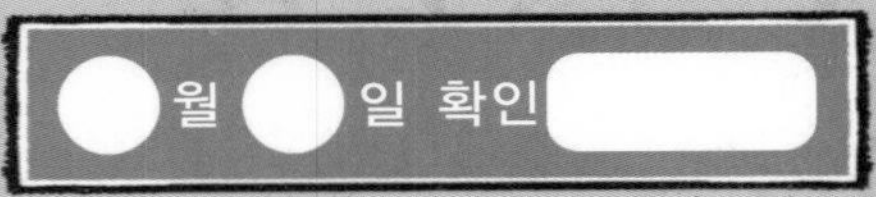
월
일 확인

닭으로 병을 치료하는! 의원 의 醫!

醫

훈 의원 음 의

酉부수 (닭유 부수)

이 닭(酉 닭 유)으로
병을 치료해 주겠소!
저 의사
돌팔이 의사 아냐?

필순에 따라 써 보세요.

총 18획

醫 醫 醫 醫 醫 醫 醫 醫 醫 醫 醫 醫 醫 醫

필순

醫

의원 의

이렇게 쓰여요.

名 醫 (명 의) — 7급 名 이름 명, 醫 의원 의

명의: 병을 잘 고치는 이름난 의사. "허준은 환자를 위해 몸을 아끼지 않은 명의 중의 명의였다."

醫 學 (의 학) — 8급 醫 의원 의, 學 배울 학

의학: 질병을 예방하거나 치료하기 위한 방법을 연구하는 학문. "의학이 발달하면서 인간의 수명도 늘어났다."

의사의 눈은
못 속여!
꾀병이다!

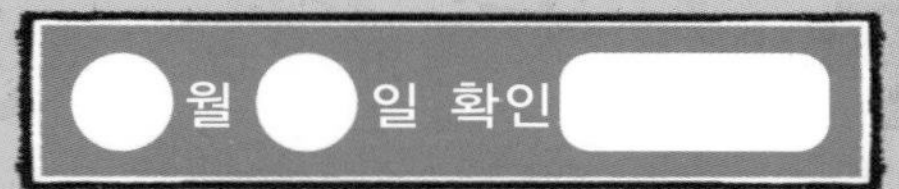
월
일 확인

풀을 말려 약을 만드니! 약 약 藥!

藥
훈 약 음 약

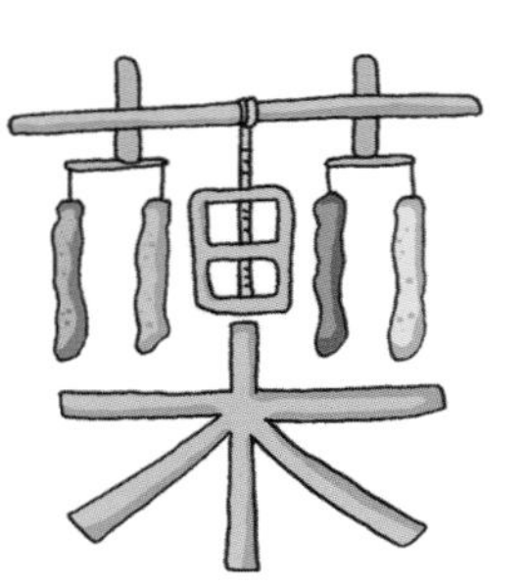

풀을 말려서
노래가 나오는
약(藥)을 만드는 중이야.
풀 초(++)에 노래 악(樂)!

++(艸) 부수 (초두머리/풀초 부수)

필순에 따라 써 보세요.

총 19획

藥 藥 藥 藥 藥 藥 藥 藥 藥 藥 藥 藥 藥 藥

필순

藥

약 약

이렇게 쓰여요.

藥 草 (약 초) / 藥 草 (약 약, 풀 초) 7급

약초: 약의 재료로 쓰이는 풀. "아저씨는 약초를 캐러 갔다가 오래된 산삼을 발견하셨다."

韓 藥 (한 약) / 韓 藥 (나라 한, 약 약) 8급

한약: 한방에서 쓰는 약. "양약이 듣지 않는다며, 어머니께서는 한약을 지어다 주셨다."

藥
아플 때
먹는 약!
약 약!
얍!

월 일 확인

마음이 급하니 발걸음도 총총! 급할 급 急!

急
훈 급할 음 급

급하다, 급해!

 부수 (마음심 부수)

필순에 따라 써 보세요.

총 9획

필순
급할 급

이렇게 쓰여요.

時 急
시 급
7급
時 急
때 시 급할 급

시급: 시간을 다툴 만큼 몹시 절박하고 급함. "수재민에게 가장 시급한 것은 마실 물이었다."

急 所
급 소
7급
急 所
급할 급 바 소

급소: 조금만 다쳐도 위험한 몸의 중요한 부분. "급소를 맞아 잠시 기절했다.", "급소를 찌르는 그의 질문에 식은땀이 났다."

급하다, 급해!
화장실이
어디야?
다다 다다다다

죽으면 뼈만 앙상! 죽을 사 死!

월 일 확인

死
훈 죽을 음 사

歹부수 (죽을사/앙상한뼈알 부수)

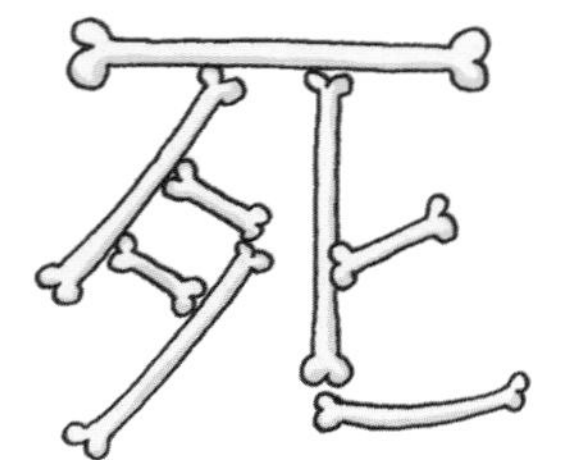

으악!
죽을 사(死)다!
어이구, 무서워!

필순에 따라 써 보세요.

총 6획

死 死 死 死 死 死

필순
死
죽을 사

이렇게 쓰여요.

死	活
사	활

7급

死	活
죽을 사	살 활

사활: 죽고 사는 일. 죽느냐 사느냐의 갈림. "이번 건설 공사는 우리 회사의 사활이 걸린 아주 중요한 사업이다."

死	力
사	력

7급

死	力
죽을 사	힘 력

사력: 죽을 각오로 내는 힘. "오늘 경기에서 우리 선수들은 사력을 다해서 싸웠다."

끄아아아아아아
부두목이
죽고 말았어!

월
일 확인

저녁이 두 번이니 먹을 게 많아! 많을 다 多!

病
席
米
飮
醫
藥
急
死
多
幸

多
훈 많을 음 다

夕 부수 (저녁석 부수)

신난다!
저녁을 두 번 먹으니.
저녁 석(夕) 두 개는
많을 다(多)!

필순에 따라 써 보세요.

총 6획
필순
많을 다

이렇게 쓰여요.

多	數
다	수
많을 다	셈할 수 (7급)

다수: 많은 수. "다수의 의견을 따르더라도, 소수의 의견을 무시해서는 안 된다."

多	才
다	재
많을 다	재주 재 (17쪽)

다재: 재주가 많음. "악기도 잘 다루고, 그림도 잘 그리고, 거기에다 못하는 운동이 없으니 그 애는 정말 다재다능해."

많아져라!
많을 다!

월 일 확인

방패가 있어 다행이야! 다행 행 幸!

幸
훈 다행 음 행

방패가 없었으면 큰일 날 뻔했어!
응! 정말 다행이야.

干 부수 (방패간 부수)

필순에 따라 써 보세요.

총 8획

幸 幸 幸 幸 幸 幸 幸 幸

필순
幸
다행 행
다행 행

이렇게 쓰여요.

幸 福
행 복

5급
幸 福
다행 행 복 복

행복: 생활 속에서 기쁨과 만족함을 느끼는 상태. "행복의 기준은 사람마다 다를 수 있다."

天 幸
천 행

7급
天 幸
하늘 천 다행 행

천행: 하늘이 준 큰 행운. "비행기 사고를 당했지만, 천행으로 목숨을 건졌다."

마법천자패가 행운을 가져다 줄 거야!
척

월
일 확인

병석

病席

병 병　자리 석

병석 : 병에 걸린 사람이 앓아 누워 있는 자리.

미음

米飮

쌀 미　마실 음

미음 : 쌀이나 좁쌀에 물을 충분히 넣고 푹 끓여 걸러 낸 음식. 주로 환자들이 먹음.

의약

醫藥

의원 의　약 약

의약 : 의술(醫術)과 약을 함께 이르는 말.

병사

病死

병 병　죽을 사

병사 : 병으로 죽음.

월 일 확인

급사

急死

급할 급 죽을 사

急死 急死 急死 急死
急死 急死 急死 急死

급사 : 갑자기 죽음.

다행

多幸

많을 다 다행 행

多幸 多幸 多幸 多幸
多幸 多幸 多幸 多幸

다행 : 뜻밖에 일이 잘되어 운이 좋음.

의술

13쪽

醫術

의원 의 재주 술

醫術 醫術 醫術 醫術
醫術 醫術 醫術 醫術

의술 : 병을 고치는 기술. 또는 의학에 관련되는 기술.

약용

2–56쪽

藥用

약 약 쓸 용

藥用 藥用 藥用 藥用
藥用 藥用 藥用 藥用

약용 : 약으로 쓰임.

6급 마법급수한자 낱말 깨치기

월
일 확인

행운

2-15쪽

幸運

다행 행 옮길 운

幸運 幸運 幸運 幸運

幸運 幸運 幸運 幸運

행운: 좋은 운수. 또는 행복한 운수.

급행

2-18쪽

急行

급할 급 다닐 행

急行 急行 急行 急行

急行 急行 急行 急行

급행: 급히 감. '급행열차'의 준말.

병자

3-81쪽

病者

병 병 놈 자

病者 病者 病者 病者

病者 病者 病者 病者

병자: 병을 앓고 있는 사람.

합석

3-16쪽

合席

합할 합 자리 석

合席 合席 合席 合席

合席 合席 合席 合席

합석: 한자리에 같이 앉음.

월 일 확인

1 다음 글을 읽고, 한자로 된 낱말의 음(音)을 한글로 쓰세요.

(1) 할아버지께서 病席에 누우신 지 벌써 삼 년째이다.

(2) 환자는 米飮을 조금씩 먹기 시작했다.

(3) 오늘날에는 醫術이 발달해서 웬만한 병은 쉽게 고칠 수 있다.

(4) 왕의 죽음은 결국 病死로 밝혀졌다.

(5) 急行열차를 타서 남들보다 한 시간 빨리 도착했다.

(6) 교통사고가 났지만 多幸히 다친 사람이 없었다.

(7) 白米로 지은 밥보다 잡곡밥이 건강에 더 좋다.

(8) 누나는 飮食 솜씨가 좋아서 인기가 많다.

(9) 그 의사는 세계적인 名醫로 소문이 자자하다.

(10) 열차표가 좌석은 매진이라 立席만 조금 남아 있었다.

2 다음 한자어(漢字語)의 독음(讀音)을 쓰세요.

(1) 病室 (　　　　)　(2) 出席 (　　　　)

(3) 醫學 (　　　　)　(4) 藥草 (　　　　)

(5) 時急 (　　　　)　(6) 死活 (　　　　)

(7) 多數 (　　　　)　(8) 天幸 (　　　　)

(9) 多才 (　　　　)　(10) 米色 (　　　　)

3 다음 한자의 훈(訓)과 음(音)을 쓰세요.

(1) 死 (　　　　　　)　　(2) 幸 (　　　　　　)

(3) 米 (　　　　　　)　　(4) 多 (　　　　　　)

(5) 席 (　　　　　　)　　(6) 飮 (　　　　　　)

(7) 醫 (　　　　　　)　　(8) 急 (　　　　　　)

(9) 病 (　　　　　　)　　(10) 藥 (　　　　　　)

4 다음 글을 읽고, 밑줄 친 낱말을 한자로 쓰세요.

(1) 병원에 입원한 삼촌의 문병을 다녀왔다.

(2) 좌석표는 다 팔리고 입석표 몇 장밖에 남지 않았다.

(3) 아빠가 어렸을 적에는 백미 밥을 아무 때나 먹을 수 없었답니다.

(4) 다소의 차이는 있겠지만, 모두가 어려운 형편이다.

(5) 한때의 불행은 누구나 겪을 수 있다.

(6) 그는 올림픽에서 국내 최초로 메달을 땄다.

(7) 이 드라마에는 인기 스타가 많이 등장한다.

(8) 우리 선조들은 예로부터 흰옷을 즐겨 입었다.

(9) 언니는 편안한 마음으로 합격자 발표를 기다렸다.

(10) 해가 중천에 떴는데 아직도 침대에서 뒹굴고 있니?

월 일 확인

5 다음 빈칸에 들어갈 한자를 쓰세요.

(1) 生老□死 : 태어나고 늙고 병들고 죽는 것.

(2) 千萬多□ : 아주 다행스러움.

(3) □所 : 조금만 다쳐도 위험한 몸의 중요한 부분.

(4) 韓□ : 한방에서 쓰는 약.

6 다음 한자어(漢字語)의 뜻을 쓰세요.

(1) 病死

(2) 名醫

(3) 多數

(4) 醫藥

7 다음 한자와 상대 또는 반대되는 한자를 〈보기〉에서 골라 그 번호를 쓰세요.

보기 ① 少 ② 先 ③ 小 ④ 老 ⑤ 病 ⑥ 活

(1) 死 (　　　　)　(2) 多 (　　　　)

(3) 後 (　　　　)

8 다음 물음에 대한 답을 〈보기〉에서 골라 그 번호를 쓰세요.

보기 ① 事 ② 食 ③ 活 ④ 記 ⑤ 美 ⑥ 大

(1) 飮과 뜻이 비슷한 한자는?

(2) 米와 음이 같은 한자는?

(3) 死와 음이 같은 한자는?

9 다음 한자에서 ㉠획은 몇 번째 획일까요?

㉠

① 첫 번째
② 두 번째
③ 세 번째
④ 다섯 번째

10 다음 한자에서 ㉠획은 몇 번째 획일까요?

㉠

① 첫 번째
② 두 번째
③ 세 번째
④ 네 번째

주문만 외우면 한자가 쏙쏙!

6급 마법급수한자

습작표현황록광선형창

깃으로 나는 것을 익히니!	익힐	습	習!
사람이 지어 만드니!	지을	작	作!
옷 입어도 겉으로 표가 나니!	겉	표	表!
구슬을 들여다보니!	나타날	현	現!
누런 옷 입은!	누를	황	黃!
실을 녹색으로 물들이니!	푸를	록	綠!
횃불 들고 달려가는!	빛	광	光!
실을 풀어 만든!	줄	선	線!
터럭 빗어 모양냈다!	모양	형	形!
창문으로 마음 주고받아!	창	창	窓!

낱말을 만들어 봐!
習作, 表現
黃綠, 光線, 線形!

마술 붓

따라와!
보여 줄 게 있어.
와!
할아버지가 쓰시던 방인데 지금은 내가 화실로 쓰고 있어.
이 그림들은 다 뭐야?
이건 다 습작들이야.
음. 언뜻 보면 보통 그림 같지만, 모두 저마다 깊은 뜻을 표현하고 있어.
전에 그린 큰 양처럼!
맞아.
네가 그래도 천재의 깊은 뜻을 알아 주는구나!
척
이 그림 보여 주려고 데려온 거야?
천만에! 내가 진짜 보여 주려는 것은….
스윽
바로 이 붓이야!
이건 보통 붓이 아니야.
마술 붓이야.

화실(畫室), 습작(習作), 표현(表現)

자, 이 누를
황(黃) 자를
창가에서 달빛에
비춰 봐!
이 붓으로
쓴 글씨가 광선을
받으면….
黃
황색은
황제의
색이니까.
앗!
노란 옷을
입은 황제의
모습이야!
이번엔
푸를 록(綠)!
녹색 실이
푸를 록 자를
만들었네!
나도 한 번
써 보자!
빛 광(光)!
와! 횃불
들고 뛰어가는
사람!
글자가 형체를
갖게 되는 마술
붓이구나!
이게
다가 아냐.
진짜 놀랄 만한 건
따로 있지.

창(窓), 광선(光線), 황색(黃色), 녹색(綠色), 형체(形體)

월
일 확인

깃으로 나는 것을 익히니! 익힐 습 習!

習 作 表 現 黃 綠 光 線 形 窓

習

훈 익힐 음 습

羽부수 (깃우 부수)

날개(羽 깃 우)로 나는 것을 익히는 중이야.

크크
푸드득!
푸드득

다시 한 번 연습!

필순에 따라 써 보세요.

총 11획

필순
習
익힐 습
익힐 습
익힐 습
익힐 습
익힐 습

이렇게 쓰여요.

學 習
학 습

8급
學 習
배울 학 익힐 습

학습: 배워서 익힘. "나는 요즘 한자 학습에 점점 재미가 붙고 있다."

自 習
자 습

7급
自 習
스스로 자 익힐 습

자습: 선생님의 가르침 없이 학생들 스스로 공부하는 것. "선생님이 회의에 다녀올 동안 모두 자습을 하고 있어라."

風
바람 뿅!
안 되네! 좀 더 연습해야겠다.

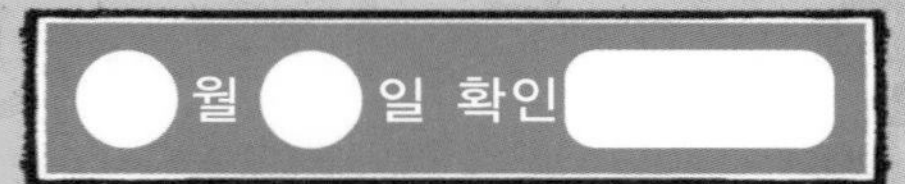
월 일 확인

사람이 지어 만드니! 지을 작 作!

作
훈 지을 음 작

지금은 작업 중.
지을 작(作)을 만드는 중이야.

亻(人)부수 (사람인변 부수)

習 作 表 現 黃 綠 光 線 形 窓

필순에 따라 써 보세요.

총 7획

필순
作
지을 작

이렇게 쓰여요.

作名 (작 명) — 7급 名 (지을 작, 이름 명)

작명: 이름을 지음. "할아버지께 갓난아이의 작명을 부탁드렸다."

名作 (명 작) — 7급 名 (이름 명, 지을 작)

명작: 이름난 작품. 뛰어난 작품. "명작 동화 전집을 벌써 세 번째 읽는 중이다."

이게 손오공이 지은 글이라고?
훌륭한 작품이다! 믿어지지 않아!

월 일 확인

옷 입어도 겉으로 표가 나니! 겉 표 表!

習 作 表 現 黃 綠 光 線 形 窓

表
훈 겉 음 표

衣 부수 (옷의 부수)

남들이 보면
표가 날까?
안 날까?

필순에 따라 써 보세요.

총 8획

表 表 表 表 表 表 表 表

필순

表

겉 표

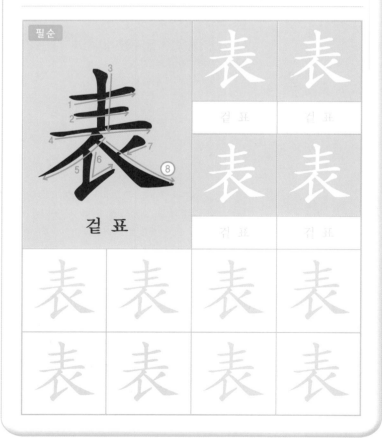

表	表
겉 표	겉 표
表	表
겉 표	겉 표

表	表	表	表
表	表	表	表

이렇게 쓰여요.

表 出
표 출

7급
表 出
겉 표 날 출

표출 : 생각이나 감정을 겉으로 나타냄. "오랫동안 혼자 지냈던 까닭에 감정 표출에 익숙하지가 않다."

年 表
연 표

8급
年 表
해 년 겉 표

연표 : 연대표. 역사적인 일들을 일어난 순서대로 적어 만든 표. "이 책에는 우리나라 역사에 관한 아주 상세한 연표가 들어 있다."

스승님께서
겉만 보고 판단하지
말라셨지만…
이게 더
멋져!
음….

월
일 확인

구슬을 들여다보니! 나타날 현 現!

現
훈 나타날 음 현

王(玉)부수 (구슬옥 부수)

구슬(玉/王 구슬 옥)을
잘 들여다봐!
뭐가 보이니?
나타날 현(現)이
나타났어요!
現

필순에 따라 써 보세요.

총 11획

現 現 現 現 現 現 現 現 現 現 現

필순

現

나타날 현

現	現	現	現
現	現	現	現
現	現	現	現

이렇게 쓰여요.

出 現 (출 현)

7급 出 (날 출) 現 (나타날 현)

출현: 보이지 않던 것이 나타나 보임. "보름달이 뜨는 밤마다 괴물이 출현한다는 게 사실일까요?"

現 場 (현 장)

現 (나타날 현) 7급 場 (마당 장)

현장: 어떤 일이 진행되고 있거나 벌어졌던 장소. "열차 사고의 현장은 차마 눈뜨고 볼 수 없을 지경이었다."

나타나라!
나타날 현!
現
짜잔!
못 말려!

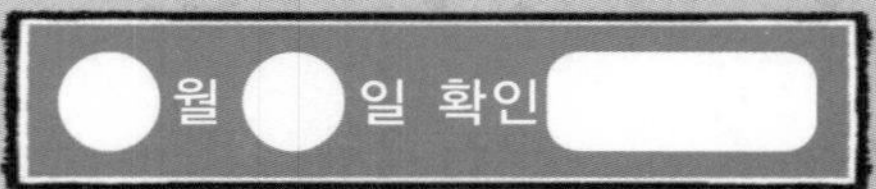
월 일 확인

누런 옷 입은! 누를 황 黃!

習作表現黃綠光線形窓

黃
훈 누를 음 황

黃 부수 (누를황 부수)

황색은 황제(皇帝)의 색이야. 그래서 옛날에 노란 옷은 아무나 입을 수 없었지.

필순에 따라 써 보세요.

총 12획

黃 黃 黃 黃 黃 黃 黃 黃 黃 黃 黃 黃

필순
黃
누를 황
누를 황
누를 황
누를 황
누를 황

이렇게 쓰여요.

黃	色
황	색
누를 황	빛 색 (7급)

황색: 노란색. "예로부터 황색은 황제의 색으로 아무나 쓸 수 없었다."

黃	金
황	금
누를 황	쇠 금 (8급)

황금: '금'을 누렇다 해서 일컫는 말. 돈이나 재물. "황금을 준다고 해도 바꿀 수 없는 것이 바로 건강이다."

우우우움찔
어디에서 나타난 누런 닭들이냐?
따끔한 맛을 보여 주마!

월
일 확인

실을 녹색으로 물들이니! 푸를 록 綠!

綠
훈 푸를 음 록(녹)

녹색 실(糸)로
푸를 록(綠)을
만들었어.

 糸 부수 (실사/가는실멱 부수)

 필순에 따라 써 보세요.

총 14획

綠 綠 綠 綠 綠 綠 綠 綠 綠 綠 綠 綠 綠 綠

필순

綠

푸를 록

綠	綠
푸를 록	푸를 록
綠	綠
푸를 록	푸를 록

綠	綠	綠	綠
綠	綠	綠	綠

이렇게 쓰여요.

綠地 (녹 지) — 7급 綠 地 (푸를 록, 땅 지)

녹지: 풀과 나무가 많이 자라는 땅. "우리 집 주변에는 녹지가 많아서 산책하기에 참 좋다."

草綠 (초 록) — 7급 草 綠 (풀 초, 푸를 록)

초록: 풀의 빛깔과 같이 푸른빛을 약간 띤 녹색. "바닷물이 마치 초록빛 물감을 풀어놓은 듯 파랬다."

내가 제일 좋아하는 색은
녹색이야!

월
일 확인

횃불 들고 달려가는! 빛 광 光!

習作表現黃綠光線形窓

光
훈 빛 음 광

儿 부수 (어진사람인발 부수)

光은 사람(儿)이
불(火)을 들고 있는
모습이야.

필순에 따라 써 보세요.

총 6획

光 光 光 光 光 光

필순
光
빛 광
光 光 光 光

이렇게 쓰여요.

後光 (후 광) 7급 後光 (뒤 후 빛 광)

후광: 부처님의 몸 뒤에서 비치는 빛. 어떤 것을 더욱 두드러지게 하는 배경. "그는 아버지의 후광으로 국회의원이 되었다."

光年 (광 년) 8급 光年 (빛 광 해 년)

광년: 빛이 1년 동안 가는 거리. "우리가 보는 대부분의 별은 실제로 지구에서 수천 수만 광년 떨어진 곳에 있다."

밝아져라!
빛 광!
光
우왓!
눈부셔!

월 일 확인

실을 풀어 만든! 줄 선 線!

線
훈 줄 음 선

線

실〔糸〕을 풀어서 선(線) 모양의 줄을 만들었어.

糸 부수 (실사/가는실멱 부수)

필순에 따라 써 보세요.

총 15획

線 線 線 線 線 線 線 線 線 線 線 線 線 線 線

필순

線

줄 선

線	線
줄 선	줄 선
線	線
줄 선	줄 선

線	線	線	線
線	線	線	線

이렇게 쓰여요.

電 線
전 선

7급
電 線
번개 전 줄 선

전선: 전류가 흐르는 선. “전선 위에 참새들이 줄지어 앉아 있다.”

一 線
일 선

8급
一 線
한 일 줄 선

일선: 어떤 일을 활발히 하는 위치. 최전선. “그는 한창 나이에 정치 일선에서 물러났다.”

얍
줄을 당기자!

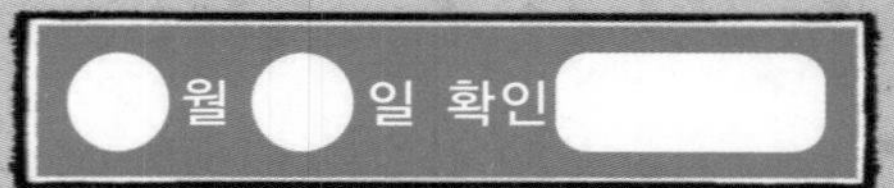
월 일 확인

터럭 빗어 모양냈다! 모양 형 形!

形
훈 모양 음 형

彡 부수 (터럭삼 부수)

털을 빗어
모양을 냈어.
나 어때?

필순에 따라 써 보세요.

총 7획

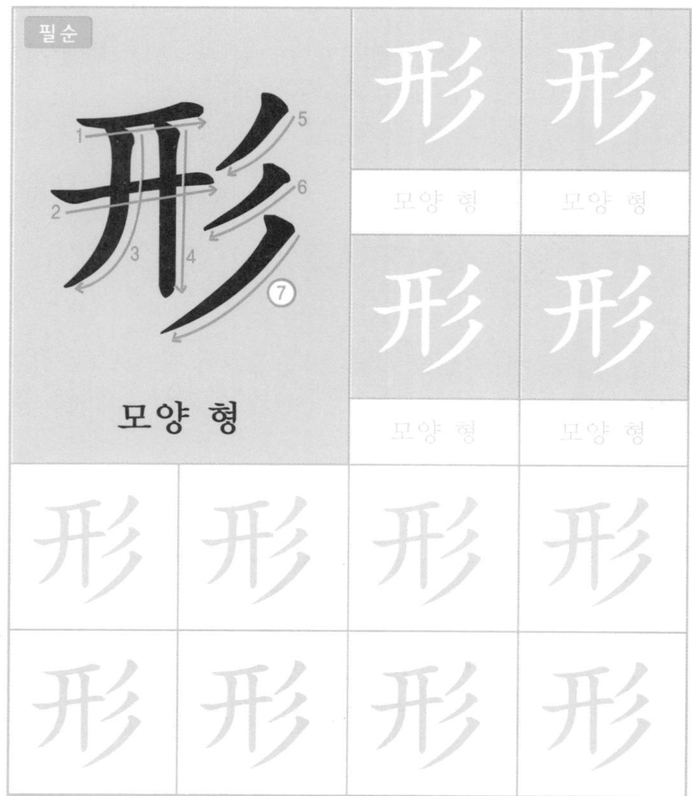
필순
形
모양 형

이렇게 쓰여요.

外 形 (외 형) — 8급 外 바깥 외, 形 모양 형

외형: 겉으로 드러난 사물의 모양. "외형만 봐서는 어느 것이 진짜인지 구별할 수가 없었다."

形 便 (형 편) — 形 모양 형, 7급 便 편할 편

형편: 일이 되어 가는 모양이나 사정. "올해는 장사가 생각보다 잘 돼서 형편이 한결 나아졌다."

그려져라!
形
모양 형!

월
일 확인

창문으로 마음 주고받아! 창 창 窓!

窓
훈 창 음 창

오! 로미오 동자!
나의 줄리엣 낭자! 내 마음(心)을 받아 주오.

 부수 (구멍혈 부수)

 필순에 따라 써 보세요.

총 11획

필순
창 창

이렇게 쓰여요.

窓 門
창 문

8급
窓 門
창창 문문

창문: 공기나 빛이 통하도록 벽에 낸 문. "나는 이다음에 천장이 높고 창문이 큰 집에서 살 거야."

窓 口
창 구

7급
窓 口
창창 입구

창구: 은행이나 관공서 등에서 사람을 직접 상대해서 일을 보는 곳. "마감 시간이 다가오자 창구가 북적댔다."

창문아 생겨라! 창 창!

6급 마법급수한자 낱말 깨치기

월 일 확인

습작

習作

익힐 습 지을 작

習作 習作 習作 習作

習作 習作 習作 習作

습작 : 시, 소설, 그림, 조각 등에서 연습 삼아 작품을 만드는 일. 또는 그런 작품.

표현

表現

겉 표 나타날 현

表現 表現 表現 表現

表現 表現 表現 表現

표현 : 생각이나 느낌을 말이나 글, 소리 등을 통해 나타냄.

황록색

黃綠色 (7급)

누를 황 푸를 록 빛 색

黃綠色 黃綠色

黃綠色 黃綠色

황록색 : 누런빛을 띤 녹색.

광선

光線

빛 광 줄 선

光線 光線 光線 光線

光線 光線 光線 光線

광선 : 빛의 줄기.

월 일 확인

형성

2-34쪽

形 成

모양 형 이룰 성

形成 形成 形成 形成
形成 形成 形成 形成

형성 : 어떤 모양을 이룸.

광명

2-39쪽

光 明

빛 광 밝을 명

光明 光明 光明 光明
光明 光明 光明 光明

광명 : 밝고 환함. 밝은 미래나 희망을 이르는 말.

노선

2-19쪽

路 線

길 로 줄 선

路線 路線 路線 路線
路線 路線 路線 路線

노선 : 버스나 기차, 비행기 등이 정해 놓고 다니는 길.

현대

2-16쪽

現 代

나타날 현 대신할 대

現代 現代 現代 現代
現代 現代 現代 現代

현대 : 오늘날의 시대. 역사에서 근대 이후부터 오늘날까지의 시대.

6급 마법급수한자 낱말 깨치기

월 일 확인

신록

2-95쪽

新綠

새 신 푸를 록

新綠 新綠 新綠 新綠
新綠 新綠 新綠 新綠

신록 : 늦은 봄이나 이른 여름에 새로 나온 잎의 연한 초록 빛깔을 이르는 말.

풍습

3-93쪽

風習

바람 풍 익힐 습

風習 風習 風習 風習
風習 風習 風習 風習

풍습 : 풍속과 습관을 함께 이르는 말.

차창

7급

車窓

수레 차 창 창

車窓 車窓 車窓 車窓
車窓 車窓 車窓 車窓

차창 : 차에 달린 창문.

삼각형

8급 3-60쪽

三角形

석 삼 뿔 각 모양 형

三角形 三角形
三角形 三角形

삼각형 : 세 개의 직선이 모여 각(角)이 세 개가 되는 도형.

월 일 확인

1 다음 글을 읽고, 한자로 된 낱말의 음(音)을 한글로 쓰세요.

(1) 이 그림은 習作에 지나지 않아.

(2) 얼마나 고마운지 말로 다 表現할 수조차 없었다.

(3) 봄에 새로 돋아난 나뭇잎들은 黃綠色을 띤다.

(4) 이 光線총은 어떠한 쇠도 녹일 수 있어.

(5) 단군 신화는 우리 민족의 形成 과정을 보여 준다.

(6) 車窓 밖으로 황금빛 들판이 펼쳐졌다.

(7) 이 책은 역사에 관한 상세한 年表가 들어 있어서 좋다.

(8) 올해는 장사가 잘되어서 작년보다 形便이 나아졌다.

(9) 마감 시간이 다가오자 窓口가 북적댔다.

(10) 비가 온 다음 날, 아침 햇살에 빛나는 정원의 新綠이 더욱 아름다웠다.

2 다음 한자어(漢字語)의 독음(讀音)을 쓰세요.

(1) 學習 (　　　　)　(2) 名作 (　　　　)

(3) 表出 (　　　　)　(4) 現場 (　　　　)

(5) 綠地 (　　　　)　(6) 電線 (　　　　)

(7) 外形 (　　　　)　(8) 窓門 (　　　　)

(9) 自習 (　　　　)　(10) 黃金 (　　　　)

월 일 확인

3 다음 한자의 훈(訓)과 음(音)을 쓰세요.

(1) 黃 ( )　(2) 現 ( )

(3) 綠 ( )　(4) 線 ( )

(5) 作 ( )　(6) 習 ( )

(7) 形 ( )　(8) 表 ( )

(9) 窓 ( )　(10) 光 ( )

4 다음 글을 읽고, 밑줄 친 낱말을 한자로 쓰세요.

(1) 이 소설은 무려 스물한 권으로 이루어진 대작이다.

(2) 황토밭을 갈아엎고 감자를 심었다.

(3) 직선을 그을 때는 자를 이용한다.

(4) 보름달이 뜨자 그 돌은 월광을 받아 하얗게 빛났다.

(5) 하늘에 비행접시처럼 보이는 이상한 물체가 출현했다.

(6) 그 아이는 강촌에서 자라 헤엄을 잘 친다.

(7) 그 체조 선수는 공중에서 몸을 세 바퀴나 돌았다.

(8) 할아버지께서는 연로하셔서 오래 걷지 못하십니다.

(9) 우리 조상 가운데는 훌륭한 선비들이 많았다고 합니다.

(10) 정답을 맞힌 사람은 우리 반에서 나 혼자뿐이다.

5 다음 빈칸에 들어갈 한자를 쓰세요.

(1) □心三日 : 단단히 마음을 먹어도 고작 사흘을 못 간다.

(2) □□色色 : 여러 가지 모양과 여러 가지 색.

(3) 出□ : 보이지 않던 것이 나타나 보임.

(4) □年 : 빛이 1년 동안 가는 거리.

6 다음 한자어(漢字語)의 뜻을 쓰세요.

(1) 學習

(2) 作名

(3) 現場

(4) 光線

7 다음 한자와 상대 또는 반대되는 한자를 〈보기〉에서 골라 그 번호를 쓰세요.

보기 ① 足 ② 面 ③ 術 ④ 兄 ⑤ 敎 ⑥ 美

(1) 習 (　　　　) (2) 手 (　　　　)

(3) 弟 (　　　　)

8 다음 물음에 대한 답을 〈보기〉에서 골라 그 번호를 쓰세요.

보기 ① 室 ② 兄 ③ 習 ④ 線 ⑤ 角 ⑥ 先

(1) 學과 뜻이 비슷한 한자는?

(2) 形과 음이 같은 한자는?

(3) 線과 음이 같은 한자는?

9 다음 한자에서 ㉠획은 몇 번째 획일까요?

㉠

① 첫 번째
② 두 번째
③ 여덟 번째
④ 아홉 번째

10 다음 한자에서 ㉠획은 몇 번째 획일까요?

㉠

① 여덟 번째
② 아홉 번째
③ 열 번째
④ 열두 번째

주문만 외우면 한자가 쏙쏙!

6급 마법급수한자

도장서화당애독조주야

네모난 종이에 그림 그려!	그림	도	圖!
일찍 일어나 글을 읽으니!	글	장	章!
붓으로 글을 쓰니!	글	서	書!
붓으로 밭을 그린!	그림	화	畫!
흙 위에 집 지으니!	집	당	堂!
마음이 두근두근!	사랑	애	愛!
물건 팔 때 가격을 읽어 주니!	읽을	독	讀!
달이 지니 아침이다!	아침	조	朝!
글 읽다가 낮이 됐다!	낮	주	晝!
저녁이 지나니 밤이 왔다!	밤	야	夜!

낱말을 만들어 봐!
圖章, 圖書, 圖畫, 書畫,
書堂, 堂堂, 愛讀, 讀書,
讀圖, 晝夜!

그림 속에 갇히다

와!
엄청나게
책이 많구나!
이게 다
할아버지
거야?
동서고금의
귀중한 도서,
서화, 지도가
산더미처럼
쌓여 있지.

할아버지는 이곳에서
독서를 하셨어.
특히 이 책의 애독자셨지.

조석과 주야를 가리지
않고 읽으셨어.
마법천자문
風

이 도장은
할아버지 보물이야.

어디에 쓰는
도장인데?
어떻게 쓰는지는 조금 있으면
알 것이고. 그 전에 나랑
게임을 하자.
휘리릭

서로 번갈아 가며
간단한 한자 퀴즈를
내는 거야.
먼저 붓을 이렇게 쥐고,
붓 율(聿) 자를 쓴
다음에….
聿

우와!
우리가 글자 속으로
들어와 버렸네!
자,
문제를 낼게.
'붓으로 여기에
네 획을 더해
글을 썼다.'
이것은?

그거야 쉽지.
글 서(書)!
도서, 문서의
'書'!
書

이번엔 내 차례야!
'글을 읽다 한 획을
더하니 낮이 되었다.'
이것은?
書

동서고금(東西古今), 도서(圖書), 서화(書畫), 지도(地圖), 독서(讀書)
애독자(愛讀者), 조석(朝夕), 주야(晝夜), 도장(圖章), 문서(文書)

낮 주(晝)! 백주 대낮의 '晝'!
이번엔 내 차례야! '낮에 한 획을 더해 그림을 그렸다.' 이것은?
그림 화(畫)! 산수화! 화가의 '畫'!
대단한데! 자, 이번엔 더 어려운 문제야.
'네모 안에 네모가 있고, 네모 안에 네모가 있다.' 이것은?
음, 그게 뭐더라?
아! 알았다! 그림 도(圖)지?
우아악
이 도장을 어디다 쓰냐고?
바로 너를 가두는 데 쓰지.
도대체 나한테 왜 이러는 거야? 싸우려면 그림 바깥에서 정정당당하게 승부를 겨루자고!
쿠웅

백주(白晝), 산수화(山水畫), 화가(畫家), 정정당당(正正堂堂)

월
일 확인

네모난 종이에 그림 그려! 그림 도 圖!

圖
章
書
畫
堂
愛
讀
朝
晝
夜

圖
훈 그림 음 도

이 그림으로
말할 것 같으면….
'몸' 자
비슷하게
생겼네!

□ 부수 (큰입구몸/에울위 부수)

필순에 따라 써 보세요.

총 14획

필순
그림 도
그림 도
그림 도
그림 도
그림 도

이렇게 쓰여요.

海 圖
해 도

7급
海 圖
바다 해 그림 도

해도: 항해용 지도. "해도에는 바다의 상태나 배가 다니는 길이 자세하게 적혀 있다."

圖 面
도 면

7급
圖 面
그림 도 얼굴 면

도면: 건물을 짓거나 기계를 만들려고 그 구조를 자세하게 그린 그림. "요즘에는 컴퓨터를 이용해서 설계 도면을 그린다."

두둥
이걸 지도라고
그린 거야? 그림
실력이 빵점이다!

월 일 확인

일찍 일어나 글을 읽으니! 글 장 章!

章
훈 글 음 장

立 부수 (설립 부수)

글을 읽기 위해
일찍(早 일찍 조)
일어났지〔立〕.
꼬끼오!

필순에 따라 써 보세요.

총 11획

章 章 章 章 章 章 章 章 章 章 章

필순
章
글 장

 이렇게 쓰여요.

文 章
문 장

7급
文 章
글월 문 글 장

문장: 낱말이 모여 하나의 완결된 내용을 가지게 하는 최소의 단위. "책을 많이 읽으면 문장력이 좋아진다."

指 章
지 장

4급
指 章
손가락 지 글 장

지장: 도장을 대신하여 지문을 찍은 것. 손도장. "도장이 없으신 분은 지장을 찍어 주세요."

뭐라고 쓴 문장일까?
도무지 알 수가 없네!

월 일 확인

붓으로 글을 쓰니! 글 서 書!

圖章**書**畫堂愛讀朝晝夜

書
훈 글 음 서

曰부수 (가로왈 부수)

글을 쓸 때는
붓(聿 붓 율)을
이렇게 잡고 써!

필순에 따라 써 보세요.

총 10획

書 書 書 書 書 書 書 書 書 書

필순
書
1
2
3
4
5
6
7
8
9
10
글 서
書 書
글 서 글 서
書 書
글 서 글 서
書 書 書 書
書 書 書 書

이렇게 쓰여요.

文 書	7급 文 書
문 서	글월 문 글 서

문서: 어떤 일을 증명하거나 자료로 쓰려고 글로 써서 남긴 것. "요즘 웬만한 문서는 다 컴퓨터로 작성한다."

正 書	7급 正 書
정 서	바를 정 글 서

정서: 글씨를 흘려 쓰지 아니하고 또박또박 바르게 씀. "글이 길어져서 정서하는 데만도 시간이 꽤 걸렸다."

내가 아직 글을 잘
몰라서 그러니까, 부르는
대로 받아 써!

월 일 확인

붓으로 밭을 그린! 그림 화 畫!

畫
훈 그림/그을 음 화/획

田부수 (밭전 부수)

뭘 그린 거예요?
응! 붓(聿 붓 율)으로 밭(田 밭 전)을 그렸지.

圖 章 書 畫 堂 愛 讀 朝 畫 夜

필순에 따라 써 보세요.

총 12획

필순
그림 화

이렇게 쓰여요.

畫 家
화 가
7급
그림 화 집 가

화가: 그림 그리는 것을 직업으로 하는 사람. "어릴 적 품었던 화가의 꿈을 되살려 틈틈이 그림을 그리고 있다."

畫 數
획 수

7급
畫 數
그을 획 셈할 수

획수: 글자의 획의 수. "그림 화 자의 획수는 총 12획이다.

그림으로 보여 줘! 그림 화!
도사님이….
동자다!

월 일 확인

흙 위에 집 지으니! 집 당 堂!

堂
훈 집 음 당

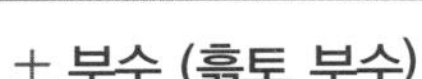
土 부수 (흙토 부수)

흙(土 흙 토)을
다진 자리에다
집을 지었어.

필순에 따라 써 보세요.

총 11획
필순
堂
집 당

이렇게 쓰여요.

學堂	8급 學 堂
학 당	배울 학 집 당

학당: 개화기 때 '학교'를 이르던 말. "이화 학당은 한국 최초의 여성 고등 교육 기관이다."

天堂	7급 天 堂
천 당	하늘 천 집 당

천당: 천국. 기독교에서 죽은 뒤에 간다고 믿는 세상. "착한 일을 한 사람은 죽어서 천당에 간대."

솜씨는 좀
서툴지만 직접
지은 집이야!

월 일 확인

마음이 두근두근! 사랑 애 愛!

愛
훈 사랑 음 애

心 부수 (마음심 부수)

저 애만 보면
마음〔心〕이 두근두근.
이게 사랑〔愛〕일까?

필순에 따라 써 보세요.

총 13획

필순
사랑 애

이렇게 쓰여요.

愛 國
애 국

8급
愛 國
사랑 애 나라 국

애국: 자기 나라를 사랑함. "선생님께서는 식목일에 나무 한 그루 심는 일이 애국하는 길이라고 말씀하셨다."

愛 人
애 인

8급
愛 人
사랑 애 사람 인

애인: 사랑하는 사람. "언니는 요즘 애인이 생겨서 멋을 많이 부린다."

사랑해!
삼장!
…

월 일 확인

물건 팔 때 가격을 읽어 주니! 읽을 독 讀!

讀
훈 읽을 음 독

言 부수 (말씀언 부수)

讀은 말(言 말씀 언)로 물건을 판다(賣 팔 매)는 뜻이야. 물건을 팔려면 가격을 읽어 줘야 하겠지.

필순에 따라 써 보세요.

총 22획

讀 讀 讀 讀 讀 讀 讀 讀 讀 讀 讀 讀 讀 讀

필순

讀

읽을 독

讀	讀
읽을 독	읽을 독
讀	讀
읽을 독	읽을 독

讀	讀	讀	讀
讀	讀	讀	讀

이렇게 쓰여요.

正讀 (정 독) — 7급 正 바를 정, 讀 읽을 독

정독: 글의 뜻을 바르게 파악함. "이 책은 정독이 필요한 책이다."

多讀 (다 독) — 60쪽 多 많을 다, 讀 읽을 독

다독: 책을 많이 읽음. "지식을 넓히는 데 다독만큼 좋은 것이 없다."

책을 많이 읽어야 돼!
냐앙!
독서가 얼마나 중요한데!

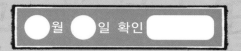

월 일 확인

달이 지니 아침이다! 아침 조 朝!

月부수 (달월 부수)

朝에 왜 달 월(月)이
들어 있냐고?
달이 지는 것을 보고
아침인 줄 알아서
그런 거야.

圖章書畫堂愛讀朝晝夜

필순에 따라 써 보세요.

총 12획

이렇게 쓰여요.

朝會 (조 회)

2-93쪽

朝 아침 조 會 모일 회

조회: 학교나 관청 등에서 아침에 모든 사람이 한자리에 모이는 일. "월요일마다 운동장에서 조회가 있다."

王朝 (왕 조)

8급

王 임금 왕 朝 아침 조

왕조: 같은 왕가에 속하는 통치자의 계열. 또는 그 왕가가 다스리는 시대. "조선처럼 500년씩 유지된 왕조는 흔치 않다."

아침 해가
떴다! 내가 제일
일찍 일어났어!
와
네가
꼴찌야!
미안!

월 일 확인

글 읽다가 낮이 됐다! 낮 주 晝!

晝
훈 낮 음 주

日부수 (날일 부수)

글(書 글 서)을 읽다 보니 어느새 낮(晝)이 됐네!

필순에 따라 써 보세요.

총 11획

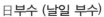

필순
晝
낮 주

이렇게 쓰여요.

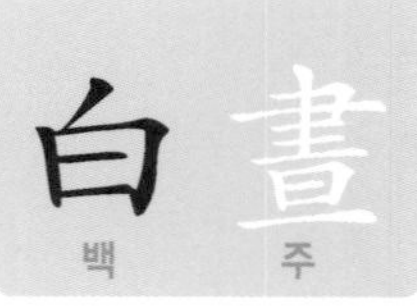
晝 間
주 간

7급 晝 間 (낮 주, 사이 간)

주간: 어떤 일을 하는 낮 동안. "그는 야간 대학을 다니며 주간에는 아르바이트로 학비를 벌었다."

白 晝
백 주

8급 白 晝 (흰 백, 낮 주)

백주: 대낮. "백주에 경찰서 바로 옆에서 강도 사건이 일어났다."

책 읽다 보니
어느새 한낮이
되었군.
짜잔!
짜잔짜잔

월 일 확인

저녁이 지나니 밤이 왔다! 밤 야 夜!

夜
훈 밤 음 야

夕 부수 (저녁석 부수)

달이 하늘 꼭대기에 떴으니 저녁(夕)이 지나고 밤이 됐네.

필순에 따라 써 보세요.

총 8획

夜 夜 夜 夜 夜 夜 夜 夜

필순
夜
밤 야

이렇게 쓰여요.

夜間 (야 간) — 夜 밤 야 / 7급 間 사이 간

야간: 밤 동안. "맹수들은 주로 야간에 사냥을 한다."

7급
夜 食
밤 야 먹을 식

夜食 (야 식)

야식: 밤에 먹는 음식. 밤에 음식을 먹음. "엄마는 밤늦게까지 공부하는 오빠를 위해 야식을 준비해 주셨다."

밤이 깊었는데 잠을 이룰 수가 없어!
부엉
부엉

6급 마법급수한자 낱말 깨치기

월
일 확인

도장

圖 章

그림 도 글 장

圖章 圖章 圖章 圖章

圖章 圖章 圖章 圖章

도장 : 개인이나 단체의 이름을 나무, 돌 등에 새겨 인주를 발라 종이에 찍는 물건.

도서

圖 書

그림 도 글 서

圖書 圖書 圖書 圖書

圖書 圖書 圖書 圖書

도서 : 책을 달리 이르는 말. 또는 그림, 글씨, 책 등을 통틀어 이르는 말.

서화

書 畫

글 서 그림 화

書畫 書畫 書畫 書畫

書畫 書畫 書畫 書畫

서화 : 글씨와 그림을 아울러 이르는 말.

서당

書 堂

글 서 집 당

書堂 書堂 書堂 書堂

書堂 書堂 書堂 書堂

서당 : 옛날에 마을에서 아이들을 모아 놓고 글을 가르치던 곳.

월 일 확인

애독

愛讀

사랑 애 읽을 독

愛讀 愛讀 愛讀 愛讀

愛讀 愛讀 愛讀 愛讀

애독 : 어떤 책이나 글을 특히 좋아하여 읽음.

독서

讀書

읽을 독 글 서

讀書 讀書 讀書 讀書

讀書 讀書 讀書 讀書

독서 : 책을 읽음.

주야

晝夜

낮 주 밤 야

晝夜 晝夜 晝夜 晝夜

晝夜 晝夜 晝夜 晝夜

주야 : 밤낮. 낮과 밤.

야광

78쪽

夜光

밤 야 빛 광

夜光 夜光 夜光 夜光

夜光 夜光 夜光 夜光

야광 : 어둠 속에서 빛을 냄. 또는 그런 물건.

월 일 확인

애용

2-56쪽

愛用

사랑 애 쓸 용

愛用 愛用 愛用 愛用
愛用 愛用 愛用 愛用

애용 : 어떤 물건을 즐겨 사용함.

조석

7급

朝夕

아침 조 저녁 석

朝夕 朝夕 朝夕 朝夕
朝夕 朝夕 朝夕 朝夕

조석 : 아침과 저녁.

도화지

7급

圖畫紙

그림 도 그림 화 종이 지

圖畫紙 圖畫紙
圖畫紙 圖畫紙

도화지 : 그림을 그릴 때 쓰는 약간 두꺼운 종이.

정정당당

7급 7급

正正堂堂

바를 정 바를 정 집 당 집 당

正正堂堂 正正堂堂 正正堂堂

정정당당 : 바르고 떳떳함.

1 다음 글을 읽고, 한자로 된 낱말의 음(音)을 한글로 쓰세요.

(1) 엄마는 내게 예쁜 圖章을 새겨 주셨다.

(2) 할아버지께서 평생 모으신 書畫 중에는 귀한 것들이 많다.

(3) 이 그림은 옛날의 書堂 풍경을 재미있게 표현했다.

(4) 몇 년 동안 愛讀해 온 잡지가 책장 가득 꽂혀 있다.

(5) 생각을 넓히는 데에는 讀書만큼 좋은 것이 없다.

(6) 이 과자 속에는 夜光 스티커가 들어 있다.

(7) 아버지는 할머니께 朝夕으로 매일 문안 인사를 드린다.

(8) 내일 미술 시간에는 圖畫紙에 그림을 그린다.

(9) 한자의 畫數를 알면 사전에서 찾을 수 있다.

(10) 꿈을 이루기 위해서는 晝夜로 열심히 노력해야 한다.

2 다음 한자어(漢字語)의 독음(讀音)을 쓰세요.

(1) 文章 ( )　(2) 正書 ( )

(3) 畫家 ( )　(4) 愛國 ( )

(5) 多讀 ( )　(6) 王朝 ( )

(7) 白晝 ( )　(8) 夜間 ( )

(9) 朝會 ( )　(10) 天堂 ( )

3 다음 한자의 훈(訓)과 음(音)을 쓰세요.

(1) 晝 (　　　　　　) (2) 書 (　　　　　　)

(3) 畫 (　　　　　　) (4) 圖 (　　　　　　)

(5) 讀 (　　　　　　) (6) 愛 (　　　　　　)

(7) 堂 (　　　　　　) (8) 夜 (　　　　　　)

(9) 朝 (　　　　　　) (10) 章 (　　　　　　)

4 다음 글을 읽고, 밑줄 친 낱말을 한자로 쓰세요.

(1) 여행을 떠나기 전에 지도를 보며 계획을 세웠다.

(2) 저 식당은 된장찌개가 특히 맛있다.

(3) 이번 미술 시간에는 명화 감상을 했다.

(4) 삼촌은 주간에는 직장에 나가고 야간에는 학교에 다니신다.

(5) 엄마와 함께 어린이 도서 전시회에 다녀왔다.

(6) 등교 길에 문구점에서 그림물감을 샀다.

(7) 약속 장소와 시간을 수첩에 적었다.

(8) 우리 아파트 단지 옆에는 인공 호수가 있다.

(9) 사람이 모든 방면에서 다 잘할 수는 없다.

(10) 천금을 주고도 바꿀 수 없는 것이 건강이다.

5 다음 빈칸에 들어갈 한자를 쓰세요.

(1) 正正☐☐ : 바르고 떳떳함.

(2) ☐國☐族 : 자기 나라와 민족을 사랑함.

(3) ☐面 : 토목 · 건축 · 기계 등의 구조를 자세하게 그린 그림.

(4) 文☐ : 어떤 일을 증명하거나 자료로 쓰려고 글로 써서 남긴 것.

6 다음 한자어(漢字語)의 뜻을 쓰세요.

(1) 書畫

(2) 晝夜

(3) 多讀

(4) 畫數

7 다음 한자와 상대 또는 반대되는 한자를 <보기>에서 골라 그 번호를 쓰세요.

보기 ① 晝 ② 死 ③ 夕 ④ 書 ⑤ 野 ⑥ 住

(1) 夜 ( )　(2) 朝 ( )

(3) 生 ( )

월
일 확인

8 다음 물음에 대한 답을 〈보기〉에서 골라 그 번호를 쓰세요.

보기 ① 才 ② 歌 ③ 文 ④ 夜 ⑤ 室 ⑥ 表

(1) 書와 뜻이 비슷한 한자는?

(2) 野와 음이 같은 한자는?

(3) 堂과 뜻이 비슷한 한자는?

9 다음 글을 읽고, 〈보기〉에서 밑줄 친 부분을 뜻으로 갖는 글자를 골라 한자로 쓰세요.

보기 書 愛 朝 夜 圖 晝

(1) 어젯밤에는 동생 수정이와 함께 책을 읽으며 놀았다.

(2) 오늘은 부모님과 함께 미술관에 가서 그림을 보기로 했다.

(3) 나는 우리 강아지 백구를 사랑한다.

(4) 아침이 되자 산 위로 붉은 해가 두둥실 떠올랐다.

10 다음 글을 읽고, 잘못된 한자어를 바르게 고쳐 쓰세요.

(1) 文長이 너무 길면 내용을 이해하기가 힘들다.

(2) 우리 학교는 월요일마다 운동장에서 祖會를 한다.

(3) 어머니께서는 우리를 위해 맛있는 野食을 준비해 주셨다.

(4) 나는 커서 圖家가 되어 훌륭한 작품을 남기고 싶다.

월 일 확인

11 다음 한자에서 ㉠획은 몇 번째 획일까요?

① 열 번째
② 열한 번째
③ 열두 번째
④ 열세 번째

12 다음 한자에서 ㉠획은 몇 번째 획일까요?

① 세 번째
② 네 번째
③ 다섯 번째
④ 여섯 번째

13 다음 한자에서 ㉠획은 몇 번째 획일까요?

① 여덟 번째
② 아홉 번째
③ 열 번째
④ 열한 번째

잠깐만!

유의어

뜻이 비슷한 한자들로 짝을 만들었습니다. 뜻을 생각하면서 써 봅시다.

한자					
言語 말씀 언 – 말씀 어	言語	言語	言語	言語	言語
文章 글월 문 – 글 장	文章	文章	文章	文章	文章
文書 글월 문 – 글 서	文書	文書	文書	文書	文書
圖畫 그림 도 – 그림 화	圖畫	圖畫	圖畫	圖畫	圖畫
計算 셈할 계 – 셈할 산	計算	計算	計算	計算	計算
學習 배울 학 – 익힐 습	學習	學習	學習	學習	學習
教訓 가르칠 교 – 가르칠 훈	教訓	教訓	教訓	教訓	教訓
正直 바를 정 – 곧을 직	正直	正直	正直	正直	正直
才·術 재주 재 – 재주 술	才·術	才·術	才·術	才·術	才·術
等級 등급 등 – 등급 급	等級	等級	等級	等級	等級
第·番 차례 제 – 차례 번	第·番	第·番	第·番	第·番	第·番
名號 이름 명 – 이름 호	名號	名號	名號	名號	名號
飮食 마실 음 – 먹을 식	飮食	飮食	飮食	飮食	飮食

※ 유의어는 6급 시험에 2문제씩 출제됩니다.
※ 한 단어로 쓰이지 않는 한자 사이에는 •을 넣었습니다.

유의어

뜻이 비슷한 한자들로 짝을 만들었습니다. 뜻을 생각하면서 써 봅시다.

身體 몸 신 – 몸 체	身體	身體	身體	身體	身體
衣服 옷 의 – 옷 복	衣服	衣服	衣服	衣服	衣服
集會 모을 집 – 모일 회	集會	集會	集會	集會	集會
社會 모일 사 – 모일 회	社會	社會	社會	社會	社會
青綠 푸를 청 – 푸를 록	青綠	青綠	青綠	青綠	青綠
樂歌 노래 악 – 노래 가	樂歌	樂歌	樂歌	樂歌	樂歌
海洋 바다 해 – 큰 바다 양	海洋	海洋	海洋	海洋	海洋
土地 흙 토 – 땅 지	土地	土地	土地	土地	土地
樹木 나무 수 – 나무 목	樹木	樹木	樹木	樹木	樹木
根本 뿌리 근 – 근본 본	根本	根本	根本	根本	根本
道路 길 도 – 길 로	道路	道路	道路	道路	道路
堂室 집 당 – 집 실	堂室	堂室	堂室	堂室	堂室
晝·午 낮 주 – 낮 오	晝·午	晝·午	晝·午	晝·午	晝·午

※ 유의어는 6급 시험에 2문제씩 출제됩니다.

※ 한 단어로 쓰이지 않는 한자 사이에는 •을 넣었습니다.

잠깐만!

유의어

뜻이 비슷한 한자들로 짝을 만들었습니다. 뜻을 생각하면서 써 봅시다.

郡邑 고을 군 – 고을 읍	郡邑	郡邑	郡邑	郡邑	郡邑
洞里 마을 동 – 마을 리	洞里	洞里	洞里	洞里	洞里
村里 마을 촌 – 마을 리	村里	村里	村里	村里	村里
分別 나눌 분 – 나눌 별	分別	分別	分別	分別	分別
共同 함께 공 – 한가지 동	共同	共同	共同	共同	共同
世代 세상 세 – 대신할 대	世代	世代	世代	世代	世代
大·太 큰 대 – 클 태	大·太	大·太	大·太	大·太	大·太
永遠 길 영 – 멀 원	永遠	永遠	永遠	永遠	永遠
永·長 길 영 – 길 장	永·長	永·長	永·長	永·長	永·長
急速 급할 급 – 빠를 속	急速	急速	急速	急速	急速
外表 바깥 외 – 겉 표	外表	外表	外表	外表	外表
例式 법식 례 – 법 식	例式	例式	例式	例式	例式
在·有 있을 재 – 있을 유	在·有	在·有	在·有	在·有	在·有

※ 유의어는 6급 시험에 2문제씩 출제됩니다.
※ 한 단어로 쓰이지 않는 한자 사이에는 •을 넣었습니다.

잠깐만!

8급 한자 복습

8급에서 공부한 내용을 복습해 봅시다.

부모와 형제! 여인과 외삼촌!

父	母	兄	弟	女	人	外	寸
부	모	형	제	여	인	외	촌

父	母	兄	弟	女	人	外	寸
아비 부	어미 모	형 형	아우 제	계집 녀	사람 인	바깥 외	마디 촌
父	母	兄	弟	女	人	外	寸
아비 부	어미 모	형 형	아우 제	계집 녀	사람 인	바깥 외	마디 촌
父母, 兄弟, 父女, 母女, 女人, 外三寸							

동쪽엔 청산, 서쪽엔 백산! 남쪽엔 청군, 북쪽엔 백군!

東	西	南	北	青	白	山	軍
동	서	남	북	청	백	산	군

東	西	南	北	青	白	山	軍
동녘 동	서녘 서	남녘 남	북녘 북	푸를 청	흰 백	메 산	군사 군
東	西	南	北	青	白	山	軍
동녘 동	서녘 서	남녘 남	북녘 북	푸를 청	흰 백	메 산	군사 군
東西, 南北, 南山, 西山, 青軍, 白軍							

잠깐만!

8급 한자 복습

**6급Ⅱ와 6급 시험에서는 8급 한자 50자에 대한 쓰기 문제가 출제됩니다.
8급에서 공부한 내용을 복습해 봅시다.**

숫자를 세어 봐요!

一	二	三	四	五	六	七	八	九	十
일	이	삼	사	오	륙	칠	팔	구	십

一	二	三	四	五	六	七	八	九	十
한 일	두 이	석 삼	넉 사	다섯 오	여섯 륙	일곱 칠	여덟 팔	아홉 구	열 십
一	二	三	四	五	六	七	八	九	十
한 일	두 이	석 삼	넉 사	다섯 오	여섯 륙	일곱 칠	여덟 팔	아홉 구	열 십
一二, 三四, 六十, 八一五, 三三五五									

요일을 말해 봐요!

日	月	火	水	木	金	土
일	월	화	수	목	금	토

日	月	火	水	木	金	土
날 일	달 월	불 화	물 수	나무 목	쇠 금	흙 토
日	月	火	水	木	金	土
날 일	달 월	불 화	물 수	나무 목	쇠 금	흙 토
日月, 土木						

잠깐만!

8급 한자 복습

8급에서 공부한 내용을 복습해 봅시다.

대한민국과 중국, 소국, 만국, 왕국!

大 韓 民 國 中 小 萬 王
대 한 민 국 중 소 만 왕

大	韓	民	國	中	小	萬	王
큰 대	나라 한	백성 민	나라 국	가운데 중	작을 소	일만 만	임금 왕
大	韓	民	國	中	小	萬	王
큰 대	나라 한	백성 민	나라 국	가운데 중	작을 소	일만 만	임금 왕

大韓民國, 韓國, 中國, 小國, 萬國, 王國, 國民, 大王, 中小

교장 선생님이 1학년 교실 문을 벌컥!

校 長 先 生 學 年 敎 室 門
교 장 선 생 학 년 교 실 문

校	長	先	生	學	年	敎	室	門
학교 교	길 장	먼저 선	날 생	배울 학	해 년	가르칠 교	집 실	문 문
校	長	先	生	學	年	敎	室	門
학교 교	길 장	먼저 선	날 생	배울 학	해 년	가르칠 교	집 실	문 문

學校, 校長, 先生, 學生, 學年, 敎室, 校門

낱말

6급 낱말 총정리

이 책에 등장하는 6급 및 6+7급, 6+8급 낱말의 목록입니다.
시험에 나온다고 생각하면서 이 낱말들을 읽어 보세요.

6 급

낱말	쪽
高音	10
公園	41
果樹	40
光明	83
光線	82
根本	40
急死	63
急行	64
路線	83
多讀	98
多才	60
多幸	63
圖書	102
圖章	102
讀書	103
讀音	21
美術	20
米飮	62
病死	62
病席	62
病者	64
本分	41
部分	22
分野	20
書堂	102
書畫	102
成果	30
習作	82
神童	21
新綠	84
愛讀	103
愛用	104
夜光	103
野球	22
藥用	63
英美	21
英才	20
英特	21
音速	10
音樂	20
醫術	63
醫藥	62
庭園	40
朝會	99
晝夜	103
親近	41
親庭	40
表現	82
風習	84
合席	64
行樂	11
幸運	64
現代	83
形成	83

6+7 급

낱말	쪽
家庭	32
果然	30
急所	58
綠地	77
農樂	11
農園	33
多數	60
圖面	92
圖畫紙	104
同苦同樂	22
同姓同本	42
童心	19
童子	19
名分	14
名醫	56
名作	73
問病	52
文書	94
文章	93
美名	12
米色	54
本色	39
分家	14
死力	59
死活	59
手術	13

낱말

6급 낱말 총정리

6+8 급

해답
실력향상문제 해답

실력향상문제 제1회

1 (1) 음악 (2) 신동 (3) 분야 (4) 미술
(5) 영재 (6) 부분 (7) 음속 (8) 행락
(9) 신부 (10) 동심

2 (1) 장음 (2) 농악 (3) 미인 (4) 수술
(5) 분가 (6) 영국 (7) 천재 (8) 신화
(9) 한미 (10) 야생

3 (1) 아름다울 미 (2) 나눌 분 (3) 꽃부리 영
(4) 아이 동 (5) 귀신 신 (6) 즐거울 락/노래 악
(7) 재주 재 (8) 재주 술 (9) 소리 음 (10) 들 야

4 (1) 安樂 (2) 草野 (3) 女神 (4) 英語
(5) 春分 (6) 農村 (7) 休紙 (8) 家長
(9) 所有 (10) 祖父

5 (1) 美 (2) 樂 (3) 童 (4) 才

6 (1) 지표면이 평평하고 너른 들.
(2) 어린아이의 마음.
어린이와 같이 순진한 마음.
(3) 말을 잘하는 슬기와 능력.
(4) 한자의 음. 글을 읽는 소리.

7 (1) ④ (2) ① (3) ⑥

8 (1) ① (2) ⑤ (3) ③

9 ①　　10 ②

실력향상문제 제2회

1 (1) 정원 (2) 과수원 (3) 근본 (4) 이, 박
(5) 친손자 (6) 본분 (7) 성과 (8) 수목
(9) 공원 (10) 장손

2 (1) 과연 (2) 식수 (3) 교정 (4) 화원
(5) 이화 (6) 본색 (7) 친가 (8) 왕손
(9) 초근 (10) 친정

3 (1) 뿌리 근 (2) 열매 과 (3) 뜰 정
(4) 근본 본 (5) 나무 수 (6) 동산 원
(7) 손자 손 (8) 친할 친/어버이 친
(9) 오얏/성 리 (10) 성/순박할 박

4 (1) 後孫 (2) 父親 (3) 本然 (4) 動物園
(5) 家庭 (6) 老人 (7) 入場 (8) 每事
(9) 孝女 (10) 白紙

5 (1) 園 (2) 本 (3) 果 (4) 庭

6 (1) 나무를 심음.
(2) 아들의 아들.
(3) 학교의 마당이나 운동장.
(4) 꽃을 심은 동산.

7 (1) ⑤ (2) ③ (3) ②

8 (1) ① (2) ③ (3) ⑤

9 ④　　10 ④

실력향상문제 제3회

1 (1) 병석 (2) 미음 (3) 의술 (4) 병사
(5) 급행 (6) 다행 (7) 백미 (8) 음식
(9) 명의 (10) 입석

2 (1) 병실 (2) 출석 (3) 의학 (4) 약초
(5) 시급 (6) 사활 (7) 다수 (8) 천행
(9) 다재 (10) 미색

3 (1) 죽을 사 (2) 다행 행 (3) 쌀 미
(4) 많을 다 (5) 자리 석 (6) 마실 음
(7) 의원 의 (8) 급할 급 (9) 병 병 (10) 약 약

4 (1) 問病 (2) 立席 (3) 白米 (4) 多少
(5) 不幸 (6) 國內 (7) 登場 (8) 先祖
(9) 便安 (10) 中天

5 (1) 病 (2) 幸 (3) 急 (4) 藥

6 (1) 병으로 죽음.
(2) 이름난 의사. 병을 잘 고치는 의사.

(3) 많은 수.

(4) 의술과 약을 함께 이르는 말.

7 (1) ⑥ (2) ① (3) ②

8 (1) ② (2) ⑤ (3) ①

9 ③ 10 ①

실력향상문제 제4회

1 (1) 습작 (2) 표현 (3) 황록색 (4) 광선
(5) 형성 (6) 차창 (7) 연표 (8) 형편
(9) 창구 (10) 신록

2 (1) 학습 (2) 명작 (3) 표출 (4) 현장
(5) 녹지 (6) 전선 (7) 외형 (8) 창문
(9) 자습 (10) 황금

3 (1) 누를 황 (2) 나타날 현 (3) 푸를 록
(4) 줄 선 (5) 지을 작 (6) 익힐 습
(7) 모양 형 (8) 겉 표 (9) 창 창
(10) 빛 광

4 (1) 大作 (2) 黃土 (3) 直線 (4) 月光
(5) 出現 (6) 江村 (7) 空中 (8) 年老
(9) 祖上 (10) 正答

5 (1) 作 (2) 形, 形 (3) 現 (4) 光

6 (1) 배우고 익힘. 배워서 익힘.
(2) 이름을 지음.
(3) 어떤 일이 진행되고 있거나 벌어졌던 장소.
(4) 빛의 줄기.

7 (1) ⑤ (2) ① (3) ④

8 (1) ③ (2) ② (3) ⑥

9 ③ 10 ②

실력향상문제 제5회

1 (1) 도장 (2) 서화 (3) 서당 (4) 애독
(5) 독서 (6) 야광 (7) 조석 (8) 도화지
(9) 획수 (10) 주야

2 (1) 문장 (2) 정서 (3) 화가 (4) 애국
(5) 다독 (6) 왕조 (7) 백주 (8) 야간
(9) 조회 (10) 천당

3 (1) 낮 주 (2) 글 서 (3) 그림 화/그을 획
(4) 그림 도 (5) 읽을 독 (6) 사랑 애
(7) 집 당 (8) 밤 야 (9) 아침 조
(10) 글 장

4 (1) 地圖 (2) 食堂 (3) 名畫 (4) 晝間
(5) 圖書 (6) 登校 (7) 場所 (8) 人工
(9) 方面 (10) 千金

5 1) 堂, 堂 (2) 愛, 愛 (3) 圖 (4) 書

6 (1) 글씨와 그림. 글과 그림.
(2) 밤과 낮. 밤낮.
(3) 책을 많이 읽음.
(4) 글자의 획의 수.

7 (1) ① (2) ③ (3) ②

8 (1) ③ (2) ④ (3) ⑤

9 (1) 夜 (2) 圖 (3) 愛 (4) 朝

10 (1) 文長 → 文章 (2) 祖會 → 朝會
(3) 野食 → 夜食 (4) 圖家 → 畫家

11 ④

12 ③

13 ④

모의 한자능력검정시험 제1회

(1) 음악
(2) 분야
(3) 본분
(4) 의약
(5) 다행
(6) 서화
(7) 영어
(8) 부친
(9) 입석
(10) 황토
(11) 형편
(12) 식당
(13) 주간
(14) 도서
(15) 친정
(16) 초록
(17) 미인
(18) 수술
(19) 천재
(20) 신화
(21) 과연
(22) 식수
(23) 교정
(24) 화원
(25) 병실
(26) 미색
(27) 표출
(28) 외형
(29) 창문
(30) 백주
(31) 동자
(32) 다독
(33) 죽을 사
(34) 다행 행
(35) 자리 석
(36) 동산 원
(37) 마실 음
(38) 그림 도
(39) 의원 의
(40) 약 약
(41) 급할 급
(42) 아이 동
(43) 귀신 신
(44) 들 야
(45) 재주 술
(46) 소리 음
(47) 뿌리 근
(48) 뜰 정
(49) 근본 본
(50) 나무 수
(51) 줄 선
(52) 지을 작
(53) 익힐 습
(54) 나타날 현
(55) 겉 표
(56) 낮 주
(57) 글 서
(58) 사랑 애
(59) 많을 다
(60) 집 당
(61) 아침 조
(62) 校門
(63) 國民
(64) 大學
(65) 萬一
(66) 母女
(67) 白人
(68) 生父
(69) 先金
(70) 水門
(71) 外國人
(72) ⑤
(73) ②
(74) ②
(75) ⑦
(76) 책을 많이 읽음.
(77) 약으로 쓰는 풀. 약이 되는 풀.
(78) ③
(79) ②
(80) ③

모의 한자능력검정시험 제2회

(1) 미술
(2) 영재
(3) 근본
(4) 병석
(5) 습작
(6) 광선
(7) 서당
(8) 독서
(9) 동화
(10) 본연
(11) 가정
(12) 불행
(13) 월광
(14) 출현
(15) 낙원
(16) 의술
(17) 친분
(18) 도표
(19) 분가
(20) 야생
(21) 친일
(22) 장손
(23) 본색
(24) 음식
(25) 현장
(26) 문장
(27) 정서
(28) 학당
(29) 왕조
(30) 학술
(31) 동물원
(32) 명분
(33) 도형
(34) 아름다울 미
(35) 꽃부리 영
(36) 귀신 신
(37) 들 야
(38) 재주 재
(39) 뿌리 근
(40) 뜰 정
(41) 근본 본
(42) 동산 원
(43) 병 병
(44) 다행 행
(45) 많을 다
(46) 마실 음
(47) 약 약
(48) 누를 황
(49) 줄 선
(50) 지을 작

(51) 나타날 현
(52) 창 창
(53) 낮 주
(54) 집 당
(55) 밤 야
(56) 江南
(57) 國力
(58) 老母
(59) 萬事
(60) 父子
(61) 水道
(62) 人命
(63) 日出
(64) 長男
(65) 中立
(66) 農夫
(67) 動力
(68) 每日
(69) 百方
(70) 姓名
(71) 植物
(72) 正午
(73) 直立
(74) 平面
(75) 活氣
(76) ④
(77) ③
(78) ⑤
(79) ④
(80) ①
(81) ⑤
(82) 아침과 저녁.
(83) 스스로 익힘. 혼자서 학습함.
(84) ②
(85) ④
(86) ③
(87) ①
(88) ②
(89) ④
(90) ④

모의 한자능력 검정시험 제3회

(1) 신동
(2) 정원
(3) 손자
(4) 미음
(5) 병사
(6) 표현
(7) 도장
(8) 애독
(9) 안락
(10) 여신
(11) 후손
(12) 문병
(13) 생사
(14) 대작
(15) 직선
(16) 지도
(17) 명화
(18) 과수원
(19) 야광
(20) 친애
(21) 농악
(22) 출석
(23) 시급
(24) 다수
(25) 학습
(26) 명작
(27) 황금
(28) 녹지
(29) 후광
(30) 전선
(31) 야간
(32) 국악
(33) 평야
(34) 나눌 분
(35) 아이 동
(36) 재주 술
(37) 소리 음
(38) 나무 수
(39) 손자 손
(40) 친할 친(어버이 친)
(41) 죽을 사
(42) 쌀 미
(43) 자리 석
(44) 의원 의
(45) 급할 급
(46) 빛 광
(47) 푸를 록
(48) 익힐 습
(49) 모양 형
(50) 겉 표
(51) 글 서
(52) 그림 도
(53) 사랑 애
(54) 아침 조
(55) 글 장
(56) 校時
(57) 國語
(58) 大氣
(59) 洞長
(60) 名山
(61) 四面
(62) 生物
(63) 時日
(64) 人口
(65) 入山
(66) 家口
(67) 工夫
(68) 男子
(69) 內心
(70) 孝道
(71) 不安
(72) 世上
(73) 手話
(74) 食後
(75) 電話
(76) ⑥
(77) ③
(78) ⑤
(79) ⑦
(80) ①
(81) ⑧
(82) 책을 읽음.
(83) 자기 나라를 사랑함.
(84) ①
(85) ②
(86) ④
(87) ①
(88) ③
(89) ④
(90) ①

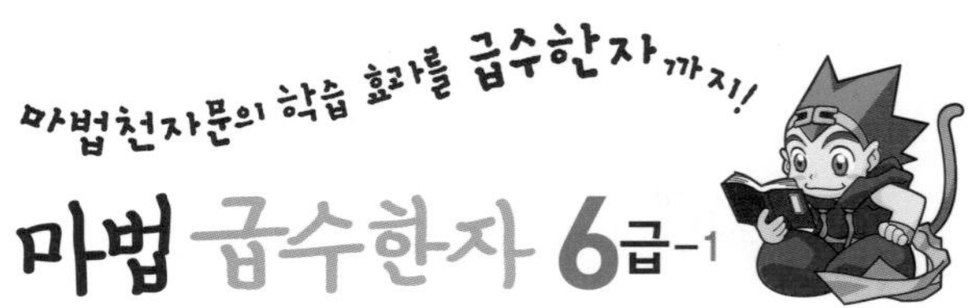

마법천자문의 학습 효과를 급수한자까지!
마법 급수한자 6급-1

1판 1쇄 발행 2009년 3월 24일
개정 3판 2쇄 발행 2024년 1월 24일

펴낸이 김영곤
마천사업본부 이사 은지영
기획개발 장영옥 조영진 김혜영 양수안
아동마케팅영업 본부장 변유경
아동마케팅1팀 김영남 정성은 손용우 최윤아 송혜수
아동마케팅2팀 황혜선 이해림 이규림 이주은
아동영업팀 강경남 오은희 김규희 양슬기
제작 관리 이영민 권경민

펴낸곳 ㈜북이십일 아울북
출판등록 2000년 5월 6일 제406-2003-061호
주소 (우 10881) 경기도 파주시 회동길 201(문발동)
전화 031-955-2100(영업 · 독자문의) 031-955-2128(기획개발)
브랜드사업문의 license21@book21.co.kr
팩스 031-955-2177

ISBN 978-89-509-4267-0
가격은 책 뒤표지에 있습니다.

- 제조자명 : (주)북이십일
- 주소 및 전화번호 : 경기도 파주시 회동길 201(문발동) / 031-955-2100
- 제조연월 : 2024.1.24
- 제조국명 : 대한민국
- 사용연령 : 3세 이상 어린이 제품

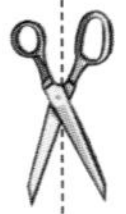

※ 모의 한자능력검정시험을 치른 후, 답을 이곳에 기재하세요.

수험번호 □□□-□□-□□□□□ 성명 □□□□□

주민등록번호 □□□□□□-□□□□□□□ *유성 사인펜, 붉은색 기구 사용 불가.

*답안지는 컴퓨터로 처리되므로 구기거나 더럽히지 마시고, 정답 칸 안에만 쓰십시오.
글씨가 채점란으로 들어오면 오답 처리가 됩니다.

제1회 한자능력검정시험 6급 Ⅱ 답안지(1)

답안란		채점란		답안란		채점란		답안란		채점란	
번호	정 답	1검	2검	번호	정 답	1검	2검	번호	정 답	1검	2검
1				15				29			
2				16				30			
3				17				31			
4				18				32			
5				19				33			
6				20				34			
7				21				35			
8				22				36			
9				23				37			
10				24				38			
11				25				39			
12				26				40			
13				27				41			
14				28				42			

감독위원	채점위원(1)		채점위원(2)		채점위원(3)	
(서명)	(득점)	(서명)	(득점)	(서명)	(득점)	(서명)

* 본 답안지는 컴퓨터로 처리되므로 구기거나 더럽혀지지 않도록 조심하시고 글씨를 칸 안에 또박또박 쓰십시오.

제1회 한자능력검정시험 6급Ⅱ 답안지(2)

답안란		채점란		답안란		채점란		답안란		채점란	
번호	정 답	1검	2검	번호		1검	2검	번호	정 답	1검	2검
43				57				71			
44				58				72			
45				59				73			
46				60				74			
47				61				75			
48				62				76			
49				63				77			
50				64				78			
51				65				79			
52				66				80			
53				67							
54				68							
55				69							
56				70							

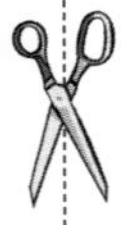

※ 모의 한자능력검정시험을 치른 후, 답을 이곳에 기재하세요.

수험번호 □□□-□□-□□□□□ 성명 □□□□□

주민등록번호 □□□□□□-□□□□□□□

*유성 사인펜, 붉은색 기구 사용 불가.

*답안지는 컴퓨터로 처리되므로 구기거나 더럽히지 마시고, 정답 칸 안에만 쓰십시오.
글씨가 채점란으로 들어오면 오답 처리가 됩니다.

제2회 한자능력검정시험 6급 답안지(1)

답안란		채점란		답안란		채점란		답안란		채점란	
번호	정 답	1검	2검	번호	정 답	1검	2검	번호	정 답	1검	2검
1				15				29			
2				16				30			
3				17				31			
4				18				32			
5				19				33			
6				20				34			
7				21				35			
8				22				36			
9				23				37			
10				24				38			
11				25				39			
12				26				40			
13				27				41			
14				28				42			

감독위원	채점위원(1)		채점위원(2)		채점위원(3)	
(서명)	(득점)	(서명)	(득점)	(서명)	(득점)	(서명)

* 본 답안지는 컴퓨터로 처리되므로 구기거나 더럽혀지지 않도록 조심하시고 글씨를 칸 안에 또박또박 쓰십시오.

제2회 한자능력검정시험 6급 답안지(2)

답안란		채점란		답안란		채점란		답안란		채점란	
번호	정 답	1검	2검	번호		1검	2검	번호	정 답	1검	2검
43				59				75			
44				60				76			
45				61				77			
46				62				78			
47				63				79			
48				64				80			
49				65				81			
50				66				82			
51				67				83			
52				68				84			
53				69				85			
54				70				86			
55				71				87			
56				72				88			
57				73				89			
58				74				90			

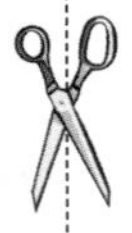

※ 모의 한자능력검정시험을 치른 후, 답을 이곳에 기재하세요.

수험번호 □□□-□□-□□□□□ 성명 □□□□□

주민등록번호 □□□□□□-□□□□□□□

*유성 사인펜, 붉은색 기구 사용 불가.

*답안지는 컴퓨터로 처리되므로 구기거나 더럽히지 마시고, 정답 칸 안에만 쓰십시오. 글씨가 채점란으로 들어오면 오답 처리가 됩니다.

제3회 한자능력검정시험 6급 답안지(1)

답안란		채점란		답안란		채점란		답안란		채점란	
번호	정 답	1검	2검	번호	정 답	1검	2검	번호	정 답	1검	2검
1				15				29			
2				16				30			
3				17				31			
4				18				32			
5				19				33			
6				20				34			
7				21				35			
8				22				36			
9				23				37			
10				24				38			
11				25				39			
12				26				40			
13				27				41			
14				28				42			

감독위원	채점위원(1)		채점위원(2)		채점위원(3)	
(서명)	(득점)	(서명)	(득점)	(서명)	(득점)	(서명)

* 본 답안지는 컴퓨터로 처리되므로 구기거나 더럽혀지지 않도록 조심하시고 글씨를 칸 안에 또박또박 쓰십시오.

제3회 한자능력검정시험 6급 답안지(2)

답안란		채점란		답안란		채점란		답안란		채점란	
번호	정 답	1검	2검	번호		1검	2검	번호	정 답	1검	2검
43				59				75			
44				60				76			
45				61				77			
46				62				78			
47				63				79			
48				64				80			
49				65				81			
50				66				82			
51				67				83			
52				68				84			
53				69				85			
54				70				86			
55				71				87			
56				72				88			
57				73				89			
58				74				90			

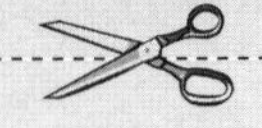

※ 〈6급-1 마법급수한자〉를 모두 공부한 다음에 가위로 잘라서 모의고사를 치르게 하십시오.

6급

한자능력검정시험 대비

모의 한자능력검정시험

아울북

第1回 漢字能力檢定試驗 6級 Ⅱ 問題紙

(시험 시간 : 50분)

※ 문제지는 답안지와 함께 제출하세요.

1 다음 漢字語의 讀音을 쓰세요. (1~32)

〈보기〉
漢字 → 한자

(1) 音樂　　(2) 分野
(3) 本分　　(4) 醫藥
(5) 多幸　　(6) 書畫
(7) 英語　　(8) 父親
(9) 立席　　(10) 黃土
(11) 形便　　(12) 食堂
(13) 晝間　　(14) 圖書
(15) 親庭　　(16) 草綠
(17) 美人　　(18) 手術
(19) 天才　　(20) 神話

(49) 本　　(50) 樹
(51) 線　　(52) 作
(53) 習　　(54) 現
(55) 表　　(56) 晝
(57) 書　　(58) 愛
(59) 多　　(60) 堂
(61) 朝

3 다음 밑줄 친 낱말을 漢字로 쓰세요. (62~71)

〈보기〉
입구 → 入口

(62) 우리 학교의 교문 앞에는 큰 느티

4 다음 漢字의 상대 또는 반대되는 漢字를 〈보기〉에서 골라 그 번호를 쓰세요. (72~73)

〈보기〉

① 同 ② 入 ③ 口 ④ 西
⑤ 北 ⑥ 所 ⑦ 外 ⑧ 內

(72) 南

(73) 出

5 다음 빈칸에 알맞는 漢字를 〈보기〉에서 골라 그 번호를 쓰세요. (74~75)

〈보기〉

① 使 ② 死 ③ 今 ④ 前

7 다음 물음에 답하세요. (78~80)

(78) 다음 漢字에서 ㉠으로 표시된 획은 몇 번째 획일까요?

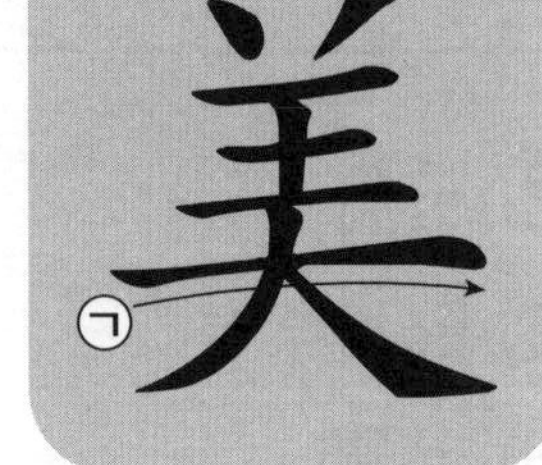
美
㉠

① 다섯 번째
② 여섯 번째
③ 일곱 번째
④ 여덟 번째

(79) 다음 漢字에서 ㉠으로 표시된 획은 몇 번째 획일까요?

作

① 네 번째
② 다섯 번째
③ 여섯 번째

第2回 漢字能力檢定試驗 6級 問題紙

(시험 시간 : 50분)

※ 문제지는 답안지와 함께 제출하세요.

1 다음 漢字語의 讀音을 쓰세요. (1~33)

〈보기〉
漢字 → 한자

(1) 美術　(2) 英才
(3) 根本　(4) 病席
(5) 習作　(6) 光線
(7) 書堂　(8) 讀書
(9) 童話　(10) 本然
(11) 家庭　(12) 不幸
(13) 月光　(14) 出現
(15) 樂園　(16) 醫術
(17) 親分　(18) 圖表

(48) 黃　(49) 線
(50) 作　(51) 現
(52) 窓　(53) 晝
(54) 堂　(55) 夜

3 다음 밑줄 친 낱말을 漢字로 쓰세요. (56~75)

〈보기〉
입구 → 入口

(56) 봄이 되면 강남 갔던 제비가 돌아온다.
(57) 국력이 약해진 틈을 타서 왜군이 쳐들어왔다.
(58) 그는 혼자 노모를 모시고 산다.

(69) 약초를 구하려고 이곳저곳 <u>백방</u>으로 찾아다녔다.

(70) 편지에는 주소와 <u>성명</u>이 적혀 있지 않았다.

(71) <u>식물</u>이 자라는 데 가장 필요한 것은 물과 햇볕이다.

(72) <u>정오</u>를 알리는 교회당 종소리가 들려왔다.

(73) 사람이 다른 동물과 다른 점은 <u>직립</u>한다는 것이다.

(74) 이 나무가 완전한 <u>평면</u>이 되도록 대패질을 해 주세요.

(75) 오늘따라 교실 안에 <u>활기</u>가 넘쳤다.

4 다음 漢字의 <u>상대</u> 또는 <u>반대</u>되는 漢字를 〈보기〉에서 골라 그 번호를 쓰세요. (76~78)

6 다음 漢字語의 뜻을 쓰세요. (82~83)

(82) 朝夕

(83) 自習

7 다음 漢字와 뜻이 비슷한 漢字를 골라 그 번호를 쓰세요. (84~85)

(84) 根 : ① 近 ② 本 ③ 朴 ④ 草

(85) 圖 : ① 書 ② 晝 ③ 文 ④ 畫

8 다음 漢字와 音이 같은 漢字를 골라 그 번호를 쓰세요. (86~87)

(86) 朝 : ① 草 ② 住 ③ 祖 ④ 地

(87) 中 : ① 重 ② 動 ③ 里 ④ 正

9 다음 물음에 답하세요. (88~90)

(88) 다음 漢字에서 ㉠으로 표시된 획은 몇 번째 획일까요?

第3回 漢字能力檢定試驗 6級 問題紙

(시험 시간 : 50분)

※ 문제지는 답안지와 함께 제출하세요.

1 다음 漢字語의 讀音을 쓰세요. (1~33)

〈보기〉
漢字 → 한자

(1) 神童　(2) 庭園
(3) 孫子　(4) 米飮
(5) 病死　(6) 表現
(7) 圖章　(8) 愛讀
(9) 安樂　(10) 女神
(11) 後孫　(12) 問病
(13) 生死　(14) 大作
(15) 直線　(16) 地圖
(17) 名畫　(18) 果樹園
(19) 夜光　(20) 親愛

(48) 習　(49) 形
(50) 表　(51) 書
(52) 圖　(53) 愛
(54) 朝　(55) 章

3 다음 밑줄 친 낱말을 漢字로 쓰세요. (56~75)

〈보기〉
입구 → 入口

(56) 오늘은 수업을 4교시까지만 했다.
(57) 이 책은 5개 국어로 번역되어 수많은 나라에서 읽힌다.
...이맘시니까 머리가

(69) 그는 말로 표현은 안 했지만, 내심 고마워했다.

(70) 부모님께 효도해야 한다.

(71) 한밤의 총소리가 마을 사람들을 불안에 떨게 했다.

(72) 외계인이 나타났다며 세상이 온통 떠들썩했다.

(73) 청각 장애인과 얘기를 나누기 위해 수화를 배웠다.

(74) 식후에 바로 잠자리에 눕는 것은 건강에 나쁘다.

(75) 늦게 되면 꼭 전화를 해라.

4 다음 漢字의 상대 또는 반대되는 漢字를 〈보기〉에서 골라 그 번호를 쓰세요. (76~78)

〈보기〉

6 다음 漢字語의 뜻을 쓰세요. (82~83)

(82) 讀書

(83) 愛國

7 다음 漢字와 뜻이 비슷한 漢字를 골라 그 번호를 쓰세요. (84~85)

(84) 章 : ① 文 ② 圖 ③ 長 ④ 學

(85) 堂 : ① 校 ② 室 ③ 土 ④ 住

8 다음 漢字와 音이 같은 漢字를 골라 그 번호를 쓰세요. (86~87)

(86) 場 : ① 窓 ② 庭 ③ 陽 ④ 章

(87) 地 : ① 紙 ② 時 ③ 土 ④ 美

9 다음 물음에 답하세요. (88~90)

(88) 다음 漢字에서 ㉠으로 표시된 획은 몇 번째 획일까요?

① 夫	② 力	③ 母	④ 左
⑤ 內	⑥ 生	⑦ 幸	⑧ 弟

(76) 死

(77) 父

(78) 外

5 다음 빈칸에 알맞는 漢字를 〈보기〉에서 골라 그 번호를 쓰세요. (79~81)

〈보기〉

① 光	② 氣	③ 野	④ 大
⑤ 朝	⑥ 開	⑦ 多	⑧ 夜

(79) 同時(　　)發 : 같은 시기에 여러 가지가 발생함.

(80) 電(　　)石火 : 번갯불과 부싯돌이 번쩍거리는 것처럼 아주 짧은 시간 또는 재빠른 동작.

(81) 晝(　　)長川 : 밤낮으로 쉬지 않고 연달아.

ㄱ

① 세 번째
② 네 번째
③ 다섯 번째
④ 여섯 번째

(89) 다음 漢字에서 ㉠으로 표시된 획은 몇 번째 획일까요?

ㄱ

① 첫 번째
② 두 번째
③ 여섯 번째
④ 일곱 번째

(90) 다음 漢字의 필순이 올바른 것은 어느 것일까요?

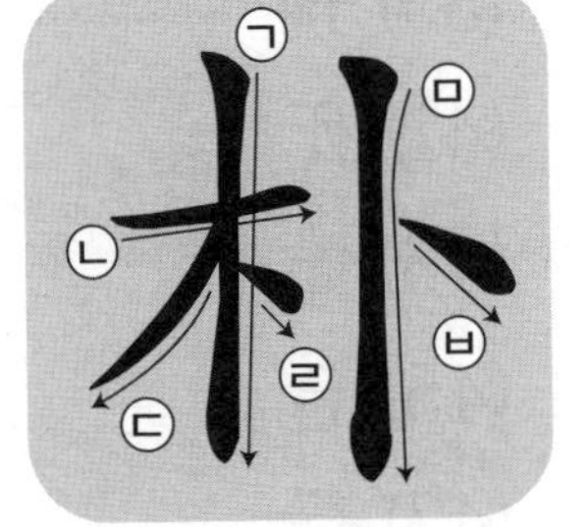
ㄱ
ㄴ
ㄷ
ㄹ
ㅁ
ㅂ

① ㉡-㉠-㉢-㉣-㉤-㉥
② ㉡-㉠-㉢-㉣-㉥-㉤
③ ㉠-㉡-㉢-㉣-㉤-㉥
④ ㉠-㉡-㉢-㉣-㉥-㉤

(21) 農樂　(22) 出席
(23) 時急　(24) 多數
(25) 學習　(26) 名作
(27) 黃金　(28) 綠地
(29) 後光　(30) 電線
(31) 夜間　(32) 國樂
(33) 平野

2 다음 漢字의 訓과 音을 쓰세요. (34~55)

〈보기〉
人 → 사람 인

(34) 分　(35) 童
(36) 術　(37) 音
(38) 樹　(39) 孫
(40) 親　(41) 死
(42) 米　(43) 席
(44) 醫　(45) 急
(46) 光　(47) 綠

맑아졌다.

(59) 우리 동의 동장님은 노인분들께 인기가 많다.

(60) 금강산은 우리나라 최고의 명산이다.

(61) 나는 사면이 산으로 둘러싸인 곳에서 자랐다.

(62) 바다 생물 가운데는 우리가 모르는 것들이 많다.

(63) 가까운 시일 안에 다시 찾아뵙겠습니다.

(64) 우리나라 인구는 오천만 명이다.

(65) 이 산은 산불을 막기 위해 봄에는 입산을 금지한다.

(66) 이 집에는 모두 다섯 가구가 살고 있다.

(67) 너는 공부하라는 말을 안 해도 스스로 잘하는구나.

(68) 나는 남자답다는 말을 많이 듣는다.

〈보기〉

① 樂	② 大	③ 老	④ 藥
⑤ 天	⑥ 江	⑦ 美	⑧ 力

(76) 病

(77) 少

(78) 地

5 다음 빈칸에 알맞는 漢字를 〈보기〉에서 골라 그 번호를 쓰세요. (79~81)

〈보기〉

① 綠	② 祖	③ 父	④ 孫
⑤ 樂	⑥ 線	⑦ 木	⑧ 藥

(79) 子子(　)(　) : 자손의 여러 대.

(80) 草(　)同色 : 풀색과 녹색은 한 가지 색. 같은 처지의 사람과 어울림.

(81) 生死苦(　) : 삶과 죽음, 괴로움과 즐거움.

㉠

① 네 번째
② 다섯 번째
③ 일곱 번째
④ 여덟 번째

(89) 다음 漢字에서 ㉠으로 표시된 획은 몇 번째 획일까요?

㉠

① 다섯 번째
② 여섯 번째
③ 일곱 번째
④ 여덟 번째

(90) 다음 漢字의 필순이 올바른 것은 어느 것일까요?

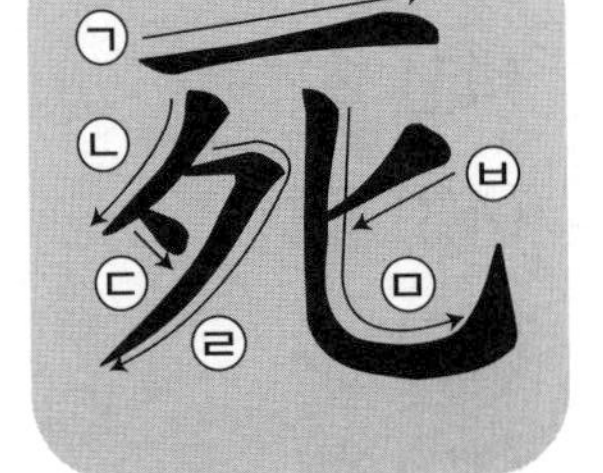

㉠
㉡
㉢
㉣
㉤
㉥

① ㉠-㉡-㉢-㉣-㉤-㉥
② ㉠-㉡-㉢-㉣-㉥-㉤
③ ㉠-㉡-㉣-㉢-㉤-㉥
④ ㉠-㉡-㉣-㉢-㉥-㉤

(21) 親日 (22) 長孫

(23) 本色 (24) 飮食

(25) 現場 (26) 文章

(27) 正書 (28) 學堂

(29) 王朝 (30) 學術

(31) 動物園 (32) 名分

(33) 圖形

2 다음 漢字의 訓과 音을 쓰세요. (34~55)

〈보기〉

人 → 사람 인

(34) 美 (35) 英

(36) 神 (37) 野

(38) 才 (39) 根

(40) 庭 (41) 本

(42) 園 (43) 病

(44) 幸 (45) 多

(46) 飮 (47) 藥

(60) 우리 집 부자가 함께 목욕탕에 다녀왔다.

(61) 마을에 수도가 놓인 지는 그리 오래되지 않았다.

(62) 교통 사고가 났지만, 다행히 인명 피해는 없었다.

(63) 새벽에 일어나서 아빠랑 바닷가에 일출을 보러 갔다.

(64) 장남으로 자라서 그런지 그는 남보다 의젓해 보인다.

(65) 나는 누구 편도 들지 않고 중립을 지켰다.

(66) 추수하는 논마다 농부들의 웃음소리가 끊이지 않았다.

(67) 동력이 끊기자 기계는 큰 소리를 내며 멈췄다.

(68) 매일 아침 가벼운 운동으로 하루를 시작한다.

(74) 九(　)一生 : 아홉 번 죽을 뻔하다 겨우 살아남.

(75) 人海(　)術 : 사람 수를 많게 해서 이기려는 공격법.

6 다음 漢字語의 뜻을 쓰세요. (76~77)

(76) 多讀

(77) 藥草

④ 일곱 번째

(80) 다음 漢字의 필순이 올바른 것은 어느 것일까요?

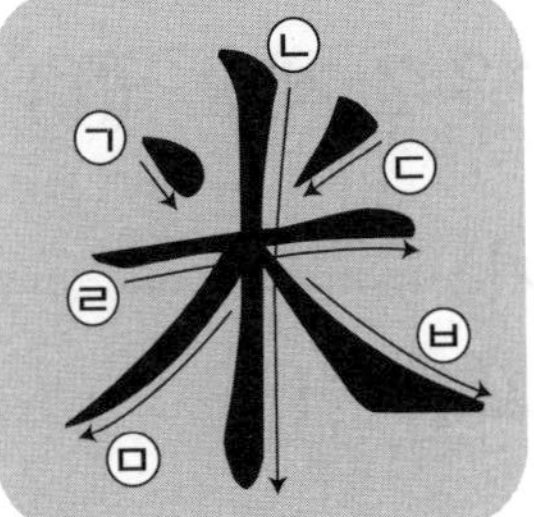

ㄱ
ㄴ
ㄷ
ㄹ
ㅁ
ㅂ

① ㄴ-ㄱ-ㄷ-ㄹ-ㅁ-ㅂ
② ㄴ-ㄹ-ㅁ-ㅂ-ㄱ-ㄷ
③ ㄱ-ㄷ-ㄹ-ㄴ-ㅁ-ㅂ
④ ㄹ-ㄴ-ㅁ-ㅂ-ㄱ-ㄷ

(21) 果然	(22) 植樹
(23) 校庭	(24) 花園
(25) 病室	(26) 米色
(27) 表出	(28) 外形
(29) 窓門	(30) 白晝
(31) 童子	(32) 多讀

2 다음 漢字의 訓과 音을 쓰세요. (33~61)

〈보기〉
人 → 사람 인

(33) 死	(34) 幸
(35) 席	(36) 園
(37) 飮	(38) 圖
(39) 醫	(40) 藥
(41) 急	(42) 童
(43) 神	(44) 野
(45) 術	(46) 音
(47) 根	(48) 庭

(63) 국민 모두가 한마음이 되어 선수들을 응원했다.

(64) 대다수의 부모들은 아이가 좋은 대학에 가기를 바란다.

(65) 만일 집에 아무도 없으면 우편함에 물건을 넣어 주세요.

(66) 우리 모녀는 생각하는 게 참 비슷하다.

(67) 푸른 눈에 금발을 한 백인이 말을 걸어 왔다.

(68) 그는 이십 년 만에 자신의 생부를 만났다.

(69) 이번 일은 선금을 받고 시작했다.

(70) 태풍에 대비해서 댐의 수문을 열었다.

(71) 매년 많은 외국인이 한국을 찾아온다.

모의 한자능력검정시험을 보기 전에 꼭 읽어 보세요.

1. 모의 한자능력검정시험은 〈6급 – 1 마법급수한자〉를 완전히 학습한 후에 실제 시험에 임하는 자세로 치릅니다.
2. 모의 한자능력검정시험 제1회는 6급 Ⅱ, 제2회와 제3회는 6급을 기준으로 출제되었습니다. 6급 Ⅱ는 80문제이고 6급은 90문제입니다. 시험 시간은 50분으로 같습니다.
3. 6급 Ⅱ의 쓰기 문제는 8급 50자 범위 내에서 출제되고, 6급의 쓰기 문제는 7급과 8급 150자 범위 내에서 출제됩니다. 그 외에 문항 배분에서 약간의 차이가 있습니다.
4. 답은 실제 시험과 똑같이 이 책에 들어 있는 답안지에만 작성하세요.
5. 답안을 작성할 때는 꼭 검은색 필기 도구를 사용하세요.
6. 시험을 치른 후에는 꼭 채점을 하고, 애매한 답은 틀린 답으로 처리하세요.
7. 채점 결과에 따라 아래 표를 보고 자신의 실력을 평가해 보세요.

등급	6급 Ⅱ 정답 수	6급 정답 수	평가	학습 조언
A	71–80	81–90	아주 잘함.	매우 훌륭합니다. 6급–2 과정으로 들어가세요.
B	66–70	76–80	잘함.	비교적 훌륭합니다. 6급–2 과정으로 들어가세요.
C	61–65	71–75	보통.	약간 부족합니다. 틀린 문제 중심으로 복습하세요.
D	60 이하	70 이하	부족.	아주 부족합니다. 처음부터 복습하세요.

※ 6급 Ⅱ와 6급의 합격 점수는 각각 56점과 63점입니다.